Karl Heinrich Heydenreich

Natur und Gott nach Spinoza

Erster Band

Karl Heinrich Heydenreich

Natur und Gott nach Spinoza
Erster Band

ISBN/EAN: 9783743477230

Hergestellt in Europa, USA, Kanada, Australien, Japan

Cover: Foto ©Lupo / pixelio.de

Weitere Bücher finden Sie auf **www.hansebooks.com**

Natur und Gott

nach Spinoza.

Von
Karl Heinrich Heydenreich,
der freyen Künste Magister und Privatlehrer der
Philos. u. sch. Wissensch. auf der Universität Leipzig.

Erster Band.

Leipzig,
in der Joh. Gottfr. Müllerschen Buchhandlung, 1789.

Bey der großen Revolution, welche die Philosophie in unsern Zeiten durch den Scharfsinn eines einzigen Mannes erfahren hat, und bey dem Sturze der metaphysischen Systeme, welcher die Folge davon ist, dürfte es leicht eine zwecklose und undankbare Mühe scheinen, eine ausführliche Entwickelung eines Systems zu liefern, welches bey iener Revolution vielleicht desto tiefer sinken mußte, ie höher es sich in seinen Anmaaßungen verstiegen hatte. Wenigstens könnte die Sprache, welche die meisten Vertheidiger des siegenden Systems führen, das Publikum sehr leicht zu einem Vorwurfe dieser Art verführen. Denn sie behandeln doch wirklich alle Systeme von Plato bis auf Herder in einem Tone, als ob man sich schämen müßte, sie studiert zu haben. Allein wie bereitwillig auch ein großer Theil der Gegenparthey ist, alle Aeußerungen dieser Männer zu mißdeuten, oder, welches nicht viel besser ist, sie an Stellen wörtlich zu erklären, wo offenbar die Wärme ihrer Theilnahme in etwas hyperbolischen Ausdruck übergieng; so bin ich doch zu billig, und zu bekannt mit der Sprache leidenschaftlichen Eifers für eine treflche Sache, als daß ich im gegenwärtigen Falle

diese

diese Hermeneutik anwenden, und daraus üble Vorbedeutungen für die Aufnahme meiner Schrift ziehen sollte. Keiner iener Männer wird es leugnen, das die Lehrgebäude eines Plato, Aristoteles, Cartes, Berkeley, u. a. Denkmäler des menschlichen Geistes sind, welche es verdienen, scharf und vollständig gefaßt zu werden. Denn gesetzt auch, sie alle gründen sich auf Voraussetzungen, welche nicht streng erwiesen werden können, gesetzt, sie haben nicht mehr obiektive Gültigkeit, als die Gestalten eines Schattenspiels; so sind sie dennoch für den Forscher des menschlichen Geistes große Erscheinungen, die ihm über den Gang der Vernunft, über ihre Schleichwege und Fehltritte wichtige Aufschlüsse geben, Aufschlüsse, welche nicht blos als Erweiterungen unsrer Erkenntkenntniß interessiren, sondern auch dem angelegentlichen Denker Stoff zu den fruchtbarsten praktischen Regeln liefern. Schon von dieser Seite betrachtet leuchtet es also ein, wie wichtig ungeachtet aller Revolutionen der Philosophie, die reine vollständige Aufbehaltung metaphysischer Systeme ist; allein, es giebt eine Ursache, die dieses Bedürfniß in ein noch helleres Licht setzt. Die Resultate der Kritik der Vernunft, seyen sie auch noch so sonnenklar und unwiderleglich, können dennoch selbst unter dem denkenderen Theile der menschlichen Gesellschaft nie herrschend werden. Damit will ich keinesweges sagen, daß nicht mit der Zeit die meisten ihre Evidenz einsehen würden, davon bin ich überzeugt; ich meyne nur soviel, daß die Vernunft sich nie ihren Gesetzen praktisch

tisch unterwerfen, nie nach ihnen den Gang ihrer Untersuchungen entwerfen, einschränken und begränzen wird. Die Natur selbst, deren Einrichtungen keine menschliche Speculation zu verrücken vermag, hat es verhindert. Sie selbst hat die Täuschung gegründet, durch die wir unsern wahren Standpunkt und Wirkungskreis als denkende Wesen verkennen, und die Wahrheit mit aller ihrer Kraft wird uns nimmermehr von diesem Zauber lösen. Auch ist dieses dem Blicke des Mannes, welcher die große Idee, die Sehkraft der Vernunft auszumessen zuerst faßte und auch ausführte, gar nicht entgangen. Er hat vielmehr selbst gezeigt, daß, trotz aller Prüfung und Demüthigung, die Vernunft doch immer und ewig nach übersinnlichen Erkenntnissen streben, und sich

Systeme derselben bilden werde; ja er hat sogar die Triebfeder in unsrem Geiste selbst aufgedeckt, durch welche die Vernunft eine so determinirte unverrückbare Richtung nach einer transcendenten Welt bekommt. So stehn also Kritik der Vernunft und Natur im Widerstreite, weil jene auf Wahrheit, diese auf Täuschung hinwirkt. Wenn nun aber die Natur, wie überall, also auch hier, Siegerin bleiben muß, wenn es nothwendiges Loos der Menschheit ist, sich in eine übersinnliche Welt zu träumen, wenn weder die eingesehene Unmöglichkeit, jenseits der Erfahrung Entdeckungen zu machen, noch die positive Wahrheit einer beglaubten Offenbahrung die grübelnde Vernunft zum Stillstande zwingen kann, wenn vielmehr jeder denkende Kopf von einem unwillkührlichen

Drange

Drange getrieben sich ein metaphysisches System erkießt, welches er seinen religiösen und moralischen Grundsätzen anpaßt; so müssen doch die Weltweisen gewiß darauf bedacht seyn, die metaphysischen Systeme in ihrer Lauterkeit zu erhalten und vollständig darzustellen, damit man desto richtiger schätzen und desto sicherer wählen könne.

Ueber kein metaphysisches System waren von jeher die Stimmen so getheilt, als über das Spinozistische. Während die einen es als das größte Meisterstück menschlichen Scharfsinns priesen, setzten die andern es als ein Gewebe der seltsamsten und abentheuerlichsten Grillen herab, die nur je in den Kopf eines Vernünftlers gekommen waren, und während noch andre es mit Religion und Moral verträglich glaubten, behaupteten wieder andere, daß es diese beyden Grundpfeiler der wahren Glückseligkeit untergrabe, und dem Menschen mit seiner Ueberzeugung Ruhe und Trost auf immer entreiße. — So entgegenstehende Urtheile konnten nur die Folge ganz verschiedener Erklärungen des Systems selbst seyn, und es ist auch wirklich keine Art von Behandlung gedenkbar, welche es nicht erfahren hätte. Wenige hatten die ausdauernde Gebuld, die Schriften eines so finstern und rigiden Denkers zu studieren, und von diesen selbst erreichten die meisten seinen Sinn nicht, entweder weil sie überhaupt nicht Geisteskraft genug besaßen, um in seine Ideen einzugehn, oder, weil sie vom Systemgeiste eingenommen waren, und nur durch die

Brille

Brille sahen, oder, weil sie nicht Scharfsinn genug hatten, manche Lücken selbst auszufüllen, deren Ergänzung Spinoza wissentlich oder unwissentlich seinen Lesern überlassen hatte. Die meisten begnügten sich mit flüchtiger Uebersicht seiner Ideen, und die natürliche Folge davon war falsche Ansicht des Lehrgebäudes im Ganzen und Verkennung einzelner Theile desselben. Allein bey einer großen Menge von Beurtheilern und Erklärern mischte sich Leidenschaft und Enthusiasm ins Spiel, und so konnt' es denn nicht fehlen, daß man nicht bey Lob und Tadel sich in Extremen verlohren hätte. Dort ward ihm Weyhrauch gestreut und Opfer gebracht, wie einem Halbgotte; dort ward er mit Kränzen und Bändern behangen vorgeführt, gleich einem Thiere, an welchem ein geschickter Professiofessionist, sein Meisterstück machen soll; dort ward er wie ein Missethäter allen Beschimpfungen des niedrigsten Pöbels Preis gegeben. In unsern neuesten Zeiten hat sein Schicksal eine unerwartet günstige Wendung genommen. Wenn es vor wenig Jahren die unverzeihlichste Paradoxie war, zu behaupten, daß alle Metaphysik auf Spinozismus hinleite; so bekennt jetzt ein scharfsinniger Mann nach dem andern öffentlich, daß dieses System das allerconsequenteste ist, welches übersinnliche Spekulation erdenken kann.

Schon aus diesen Umständen kann man im voraus ahnden, daß dieses System ein Werk ungemeines Tiefsinnes seyn muß, aber auch, daß es schwerer als andere zu fassen ist. Und so verhält es sich auch in der That. Kein

XIII

menschlicher Geist hat sich wohl so tief in eine übersinnliche Verstandeswelt hineingeträumt; keiner die Widersprüche, welche sich unter den Träumen aus diesen Regionen zu finden pflegen, so künstlich verdeckt, keiner überhaupt bey seinen Spekulationen Fleisch und Blut bis auf den Grad vergessen, so ganz unbedingt, ohne irgend ein mitwirkendes Interesse des Herzens nach Ergründung der wichtigsten Erkenntnißgegenstände der Menschheit gestrebt, als dieser bald verfluchte, bald gesegnete, bald beweinte, bald belachte Spinoza. Kein Wunder, daß seine Ideen von dem Gesichtskreise der meisten Menschen so abgelegen sind, und daß es so außerordentlich viel Zeit und ausdauernde Geduld kostet, um mit ihnen vertraut zu werden.

Ich

Ich habe versucht, eine ausführliche und deutliche Darstellung des Spinozismus zu liefern; eine Arbeit, welche vielleicht Bedürfniß für einen großen Theil der Liebhaber der Philosophie ist. Ich erkenne mit Dank das Verdienst so mancher scharfsinniger Männer, welche darüber schrieben; allein ich bedaure um desto mehr, daß es dem größten Theile davon nicht sowohl um Wahrheit, als um Modernisirung und Ausschmückung des Systems zu thun war, und daß gerade die, welche Spinoza's Sätze am richtigsten gefaßt hatten, am dunkelsten schrieben, und nicht selten völlig verkannt wurden. Keinen von beyden Vorwürfen wünschte ich zu erfahren, am allerwenigsten aber den Verdacht, in welchem die letztern bey so vielen geriethen, ich meyne den, Spinozisten zu zu seyn, weil sie sich in das System hineingedacht hatten. Ich verbitte das letztere ausdrücklich um desto mehr, da ich mich bey meiner Darstellung an keine feste Form binden, sondern bald dialogisch, bald erzählend, bald betrachtend abhandeln werde, welches ohne vorhergegangene Erinnerung vielleicht zu Mißverständnissen Anlaß geben könnte. Der redliche kluge Leser wird indessen auch ohne sie die Materie von der Form zu unterscheiden wissen.

Man sollte das Studium keines Systems übernehmen, ohne sich gewissermaaßen darauf vorbereitet zu haben. Denn ein jedes erfordert eine besondere Richtung des Geistes, die Versetzung auf einen Gesichtspunkt, von dem aus allein man die ganze Fläche der Ideen, die es befaßt, mit seinen Blicken bestreichen kann;

kann; man muß, um nicht vielleicht durch Bilder zu täuschen, wenigstens im Voraus wissen, wovon eigentlich bey dem Ganzen des Systems die Rede ist. Dieses war mein Endzweck bey dem Einleitungsgespräche über die Abhängigkeit des Menschen, über Deismus, Pantheismus und Atheismus. Ich lasse hier zween Männer sprechen: einen Weltweisen, welcher sich die Hauptsätze Spinozas zu eigen gemacht hat, und einen andern, welcher das deistische System vertheidigt; sie unterhalten sich über die Natur und Verhältnisse jener drey Systeme, und mich dünkt, man wird dadurch in den Stand gesetzt, dem Spinoza auf seinem einsamen oft versteckten Wege zu folgen. Daß ich den erstern bey seiner Anhänglichkeit an das metaphysische System Spinozas zugleich an

Offen-

Offenbahrung glauben laſſe, wird in unſern Zeiten am wenigſten auffallen, wo es keine Paradoxie mehr iſt, daß Vernunfterkenntniß und Offenbahrung, ſo wie ſie von verſchiedenen Quellen ausgehn, auch verſchiedene von einander unabhängige Wege nehmen, und daß in Rückſicht der Zwecke, auf welche ſie hinarbeiten, keine die andere überflüßig macht; daß man alſo, zu welchem metaphyſiſchen Syſteme man ſich auch ſchlage, einer poſitiven Religion getreu bleiben könne. Deſſenungeachtet verbitte ich auch hier die Perſon des Xenophanes mit der des Verfaſſers zu verwechſeln.

Nach vollendeter Darſtellung des Syſtems in ſeiner wahren Geſtalt, habe ich verſucht, es zu prüfen, und vielleicht iſt es mir gelungen, ſeine ſchwachen Seiten zu entdecken, und es in verschiedenen Stücken zu widerlegen. In welchem Verhältnisse Spinoza gegen die Kritik der Vernunft steht, und in wie fern auch nach der durch sie bewerkstelligten Erschütterung seines Lehrgebäudes immer noch eine Widerlegung Statt findet, welche sich nicht auf die Grundsätze derselben gründet, erhellet aus den Ideen, von welchen ich in diesem Vorberichte ausgegangen bin. Leipzig, in der Michaelismesse 1788.

K. H. Heydenreich.

Leben
Benedickts von Spinoza.

Aus einer französischen Handschrift,

mit

Anmerkungen vom Herausgeber.

Schon vor mehrern Jahren bin ich in den Besitz einer französischen Handschrift gekommen, welche unter dem Titel: La vie & l'esprit de Mr. Benôit de Spinoza eine Lebensbeschreibung dieses Mannes und eine Darstellung seiner Grundsätze enthält. Aus einer beygefügten Anzeige *) sieht man, daß dieses Werk wirklich gedruckt

*) Sie lautet also: Il n'y a peut etre rien, qui donne aux esprits forts un pretexte plus plausible d'insulter a la Religion, que la manière, dont en agissent avec eux ses defenseurs. D'une part ils traitent leurs objections avec le dernier mépris, & de l'autre ils sollicitent avec le zele le plus ardent la suppression des livres, qui contiennent ces objections, qu'ils trouvent si méprisables. Il faut avouer, que ce procedé fait tort a la cause, qu'ils defendent. En effet, s'ils etaient assurés de sa bonté, craindraient-ils, qu'elle ne succombât en ne la soutenant que par de bonnes raisons? Et s'ils etaient pleins de cete ferme conscience, qui inspire la verité a ceux, qui croyent combattre pour elle, auraient-ils recours a de faux avantages & a de mauvaises voyes pour la faire triompher?

brückt worden, daß man aber nur 70 Exemplare davon auflegen laffen, und der Abschreiber äußert in

ompher? Ne fe repoferaient-ils pas fur fa force, & fûrs de fa victoire ne s'expoferaient-ils pas volontiers au combat aux armes egales contre l'erreur? Aprehendraient-ils de laiffer a tout le monde la liberté de comparer les raifons de part & d'autre & de juger par cette comparaifon, de quel coté eft l'avantage? Oter cette liberté, n'eft ce pas donner lieu aux incredules de s'imaginer, qu'on redoute leurs raifonnements, & qu'on trouve, qu'il eft plus aifé de les fupprimer, que d'en faire voir la fauffeté? Mais bien qu'on foit perfuadé, que la publication de ce, qu'ils ecrivent de plus fort contre la verité, loin de lui nuire, ne fervirait au contraire, qu'a rendre fon triomphe plus eclatant, & leur defaite plus honteufe, neanmoins on a ofé aller contre le torrent en rendant publique la vie & l'efprit de Mr. Benôit de Spinoza. On en a tiré fi peu d'exemplaires, (foixante dix) que l'ouvrage ne fera pas moins rare que s'il etait refté en manufcrit. C'eft aux habiles gens, capables de le refuter, qu'on aura foin de diftribuer ce petit nombre d'exemplaires. On ne doute point, qu'ils ne menent battant l'Auteur de cet ecrit monftrueux, & qu'ils ne renverfent de fond en comble le Syfteme impie de Spinoza, fur lequel font fondés les Sophifmes de fon difciple. C'eft le but, qu'on s'eft propofé en faifant imprimer ce Traité, ou les libertins vont puifer leurs

in einem kleinen Vorberichte die Vermuthung, daß Lucas (oder Lucae) ein Arzt, welcher Spinozas Zeitgenosse, vertrauter Freund und Theilnehmer seiner Grundsätze gewesen, es geschrieben habe. *) Wie dem auch sey, **) so enthält die Lebensbe-

schrei-

leurs argumens captieux. Ou le donne sans aucun retranchement, ni adoucissement, afinque ces Messieurs ne disent point qu'on en ait enervé les difficultés pour en rendre la refutation plus aisée. D'ailleurs les injures grossières, les mensonges, les calomnies, les blasphemies, qu'on y lira avec horreur & execration, se refutent assez d'eux mêmes & ne peuvent tourner, qu' a la confusion de celui, qui les a avancé avec autant d'extravagance que d'impieté.

*) L'auteur en est inconnu a la verité, sagt er, quoiqu'il y ait apparence, que celui, qui l'a composé, a eté un de ses disciples, comme il s'en explique assez clairement. Cependant s'il etait permis sur des conjectures de poser quelque fondement, on saurait dire peut-etre avec certitude, que tout l'ouvrage est du fait du feu Sieur Lucas, si fameux par ses quintessences, mais encore plus pas ses moeurs & sa maniere de vivre. Das Andenken dieses Mannes ist jüngsthin durch einen Aufsatz im deutschen Merkur erneuert worden. (Im May d. J. 1788.)

**) Wahrscheinlich ist diese Handschrift aus der geflossen, von welcher der deutsche Uebersetzer von Colers Lebensbeschreibung des Spinoza in einer Anmerkung redet.

(E.

XXIV.

schreibung Nachrichten und Karakterzüge von Spinoza, welche, so viel ich weiß, bis jetzt nicht genug bekannt waren, und es ist auf keinen Fall überflüssig.

(S. 116.) Wenigstens treffen alle Umstände zusammen. „Sonsten soll Spinoza, sagt er, auch noch mit einem andern atheistischen Kopfe, so Mr. Lucae geheißen, bekannt gewesen seyn, und von diesem noch vieles in der Atheisterey (als ob die Atheisterey ein Handwerk wäre, das seine kleinen Vortheilchen hätte!!) gelernt haben. Ich habe in einer vornehmen Privatbibliothek ein abgeschriebenes, wiewohl unvollständiges Werk in französischer Sprache gesehen, das diesem Monsieur Lucae zugeschrieben wurde, und habe darinn ganz abscheuliche Grund = und Lehrsätze, die alle spinozaisch waren, angetroffen. Es war zwar nur der Anfang davon vorhanden, indem es nicht so lange hingeliehen worden, daß man es völlig hätte abschreiben können. Doch konnte man schon aus diesen wenigen Fußtapfen erkennen, daß es einen sehr unglaubigen Verfasser habe. Es wurde dabey erzählet, wie ein großer Prinz in seiner Bibliothek solches vollständig besitze, und dafür 100 fl. habe auszahlen müssen, damit er es bekommen, und daraus sey diese Abschrift geflossen‟ — Auch ist sie vermuthlich dieselbe Handschrift, auf welche sich der Graf Boullainvilliers bezieht in der vie de Spinosa, ecrite par M. Jean Colerus, augmentée de beaucoup de particularités tirées d'une vie Manuscrite de ce Philosophe, faite par un de ses Amis, vor seiner Refutation du Spinosa, à Bruxelles 1731.

sig, wenn ich sie dem Publikum in einer getreuen Uebersetzung mittheile. *) Der Esprit de Spinoza beschäftigt sich nicht sowohl mit Gegenständen der Metaphysik, als mit positiven Wahrheiten verschiedener Religionen, und liegt also ganz außer meinem Plane. Nur von wenigen Abschnitten werde ich bey der Entwickelung des Systems selbst Gebrauch machen können.

*) Das einzige, was bey Lesung dieser Biographie ein unangenehmes Gefühl verursacht, sind die beständigen Erhebungen Spinozas, welche selbst dem eifrigsten seiner Bewunderer überspannt und ekelhaft vorkommen müssen. Unstreitig war der Verfasser dieses ganzen Werkes ein blinder Anbeter des Philosophen, der im Punkte der Bescheidenheit und Unzudringlichkeit sein großes Muster ganz vergaß.

Unser Jahrhundert ist erleuchteter als die vorigen; allein es ist darum nicht billiger gegen große Männer. Ob es ihnen schon seine schönsten Aufklärungen verdankt, und diese auch glücklich zu benutzen weiß, so will es dennoch, sey es aus Neid oder aus Blödsichtigkeit, nicht dulden, daß man sie lobe, und es ist entsetzlich, daß man sich verbergen muß, um ihr Leben zu schreiben, als ob man eine Missethat begienge. Wenn zumal solche Männer etwa Wege einschlugen, die von den gewöhnlichen abgehn, und gemeinen Geistern verborgen sind, dann vertheidigt man unter der Hülle der Ehrfurcht für angenommene, obwohl widersinnige und lächerliche Meynungen, seine Unwissenheit, und opfert ihnen die hellsten Grundsätze der Vernunft, oder vielmehr der Wahrheit selbst auf. Allein wieviel man auch bey einer Unternehmung dieser Art aufs Spiel setze; so müßte ich dennoch wenig Nutzen aus der Philosophie des Man-

Mannes geschöpft haben, dessen Leben ich schreiben will, wenn ich mich durch die Vorstellung davon abschrecken ließe. Ich fürchte die Wuth des Volkes nicht, denn ich lebe in einem Freystaate, wo Denkfreyheit noch das Eigenthum des Bürgers bleibt, und wo man, um ruhig und glücklich zu leben, kaum noch etwas zu wünschen hätte, wenn Personen von geprüfter Redlichkeit ohne Eifersucht gehört würden. Und wenn auch dieses Werk, welches ich dem Andenken eines treflichen Freundes widme, nicht allen Lesern gefällt, so darf es doch gewiß auf den Beyfall derer rechnen, die die Wahrheit allein lieben, und sich über den Pöbel erheben.

Baruch von Spinoza war in Amsterdam, der schönsten Stadt Europa's, gebohren, und von geringer Herkunft. Sein Vater, ein Portugiesischer Jude, hatte nicht Mittel genug, um ihn zur Handlung zu bestimmen, und ließ ihn also in der hebräischen Litteratur unterrichten. Allein Kenntnisse dieser Art, ob wohl insgemein das einzige Studium der Juden, waren nicht fähig, einen Geist, wie der seinige, zu befriedigen.

Kaum war er funfzehn Jahre alt, als er schon Einwürfe erdachte, welche die gelehrtesten unter den Juden mit genauer Noth widerlegen konnten, und obschon eine so frühe Jugend das

Alter

Alter der Ueberlegung nicht zu seyn pflegt, so besaß er doch davon genug, um zu bemerken, wenn seine Zweifel seine Lehrer in Verlegenheit setzten. Allein aus Furcht, sie gegen sich aufzubringen, stellte er sich durch ihre Antworten befriedigt, und begnügte sich vor der Hand damit, sie aufzuzeichnen, um zu seiner Zeit und an seinem Orte Gebrauch davon zu machen. Da er nichts als die Bibel las, so setzte er sich bald in den Stand, sie ohne Hülfe eines Auslegers zu lesen. Er machte darüber so treffende Bemerkungen, daß die Rabbiner sich nicht anders dabey nahmen, als alle Ignoranten, die, wenn man auf Gründe bringt, und sie keine haben, ihre Gegner der Ungläubigkeit anklagen. Ein so seltsames Verfahren führte ihn sehr bald auf den Schluß, daß es unnütz sey, sich in der Wahrheit von Andern unterrichten zu lassen, und er faßte den Vorsatz, von nun an nur sich selbst um Rath zu fragen, aber auch keinen Eifer zu sparen, um durch eigne Kraft Wahrheit zu erforschen. *) Es gehörte in der That eine außerordent-

---

*) Ich weiß nicht, wer in dieser Rücksicht bewundernswürdiger ist, ob Des Cartes, oder Spinoza. Beyde weckten den Geist des Selbstdenkens sehr früh, beyde wurden in der ersten Jugend schon mißtrauisch gegen

ordentliche Größe und Stärke der Seele dazu, um in einem Alter von noch nicht zwanzig Jahren sich ein solches Ziel vorzustecken. Spinoza zeigte aber auch bald, daß er keine Sache unternommen hatte, welche seine Kräfte überstieg. Er las die Schrift von neuen, durchdrang ihre Dunkelheit, enthüllte ihre Geheimnisse, und ließ ein helles Sonnenlicht durch die Wolken brechen, hinter welchen man ihm gesagt hatte, daß die Wahrheit sich verberge.*)

Nach

gen ihre Kenntnisse und Meynungen, und entschlossen sich, ihre eigene Bahn zu gehn, und blos ihrer Vernunft zu folgen. Es ist zu bedauren, daß wir vom Spinoza nicht eine Geschichte der ganzen Bildung seines Geistes haben, wie sie uns Des Cartes hinterlassen hat in seiner dissertatione de methodo recte utendi ratione et veritatem in scientiis investigandi, einem Aufsatze, welcher das Taschenbuch aller jungen Denker seyn sollte. Spinozas tractatus de intellectus emendatione et de via, qua optime in veram rerum cognitionem dirigitur, wie interessante Data er auch enthält, befriedigt doch nicht ganz.

*) Ueberspannt ist unstreitig diese Schilderung der exegetischen Verdienste Spinozas. Allein soviel bleibt immer wahr, daß er die meisten Gesetze der heiligen Hermeneutik, womit unsre großen Gottesgelehrten einen so glänzenden Staat machen, schon erdacht und ausgeübt hat. Wie eifrig drang er nicht z. B. schon auf den Grundsatz: Scripturam more humano et secundum

XXX

Nach vollendeter Untersuchung der Bibel, las er den Talmud mit derselben Genauigkeit, und so wie niemand ihm an Kenntniß der hebräischen Sprache gleich kam, so fand er bey dieser Lektüre keine Schwierigkeiten. Allein er fand auch keine Befriedigungen darin; doch war er vorsichtig genug,

cundum receptas vulgi opiniones loqui, quia ipsius intentum non est, philosophiam docere, nec homines doctos, sed obtemperantes reddere. Ep. XXV. (Opp. Posth. pag. 458.) Eben so schreibt er an einen Gelehrten, der ihn versichert hätte, er verwerfe die ersten Grundsätze der Vernunft, wenn er sie nicht mit den Aussprüchen der Bibel vereinigen könnte: assero, me quidem credere, quod ego eam veritatem, quam tu in Scriptura esse credis, illi non tribuam, et tamen credo, quod ego illi tantum, si non plus adscribam auctoritatis; quodque longe cautius quam alii, caveam, ne illi pueriles quasdam et absurdas sententias affingam, quod nemo praestare potest, nisi is qui *philosophiam bene intelligit*, vel divinas habet revelationes. — Et nunquam crassum adeo vidi theologum, qui non percipit Scripturam sacram creberrime more humano de deo loqui, ac suum sensum parabolis exprimere. (Opp. Posth. pag. 504.) u. w. Und würde sich nicht Spinoza manche für neu ausgeschriene Theorie der Propheten mit Recht vindiziren können, wenn er von den Todten auferstünde? —

genug, erst seine Ideen darüber reifen zu lassen, bevor er ihnen völlig beystimmte.

Morteira, der gelehrteste von den Rabbinen seiner Zeit bewunderte die Aufführung und die Talente seines Schülers. Es war ihm unbegreiflich, wie ein junger Mensch mit einem so durchdringenden Verstande so viel Bescheidenheit vereinigen konnte. Er suchte ihn grundaus kennen zu lernen, prüfte ihn auf alle Weise, und mußte dann gestehn, daß seine Sitten und sein Geist ihm nichts zu wünschen übrig ließen. Seine Lobeserhebungen machten den jungen Menschen überall beliebt, aber dieser ward dadurch im geringsten nicht eitel. Die Klugheit war seinen Jahren vorgesprungen; schon jetzt rechnete er wenig auf Lob und Freundschaft der Menschen; Liebe zur Wahrheit war seine Leidenschaft; Umgang suchte er fast gar nicht. Allein, wie viel er auch Behutsamkeit anwandte, um sich den Menschen zu entstehlen; so giebt es doch Verbindungen, denen man ehrbarer Weise nicht ausweichen kann, wenn sie gleich oft sehr gefährlich sind. Unter denen, die sich am meisten an ihn drängten, waren zwey junge Leute, die sich als seine innigsten Freunde stellten, und ihn beschworen, ihnen seine wahren Grundsätze mitzutheilen. Sie stellten ihm vor, daß er von ihrer
Seite

Seite auf keinen Fall etwas zu befürchten hätte, indem ihre Neugier keinen andern Endzweck hätte, als den, über ihre Zweifel Aufklärung zu bekommen. Der junge Spinoza, verwundrungsvoll über eine so unerwartete Zumuthung, ließ sie einige Zeit ohne Antwort; endlich, da sie immerfort in ihn drangen, sagte er mit Lachen: **ihr habt ja Mosen und die Propheten.** — Wenn ich mich an die halte, versetzte der eine, so weiß ich nicht, ob es unsterbliche Wesen giebt, ob nicht Gott einen Körper hat, ob unsre Seele immateriell ist, ob die Engel wirkliche Substanzen sind. Was dünkt euch davon, fuhr er fort, indem er sich an Spinoza wandte; Hat Gott einen Körper? Giebt es Engel? Ist die Seele unsterblich? Ich gestehe, versetzte dieser, da man in der Bibel gar nichts von immateriellen Dingen findet, so ist es gar nicht unbequem zu glauben, daß Gott groß ist, wie es der König David sagt, Pf. 5, 48. Es ist unmöglich, sich eine Größe zu denken, ohne Ausdehnung und ohne Körper. Was die Geister betrift, so ist es gewiß, daß die Schrift nicht sagt, daß es wirkliche fortdauernde Substanzen seyen, sondern blos Fantome, welche man Engel nannte, weil sich Gott ihrer bedient, um seinen Willen bekannt zu machen. Auf diese Art sind die

Engel

Engel und alle Geister nur in sofern unsichtbar, als sie einen feinen durchsichtigen Körper haben, den man sieht, wie Gaukelbilder im Spiegel, oder im Traume, wie Jakob die Engel auf der Leiter. Darum lesen wir auch nicht, daß die Juden die Sadduzäer exkommunizirt hätten, weil sie keine Engel glaubten; denn das Alte Testament erwähnt ihre Schöpfung nicht. Was die Seele betrift, so bezeichnet die Schrift mit diesem Worte das Leben, oder auch alles, was lebend ist. Unnütz würde es seyn, in ihr einen Beweis für die Unsterblichkeit zu suchen. Vielmehr findet man in hundert Stellen das Gegentheil, und braucht gar nicht viel Mühe, es zu beweisen; doch es ist weder Zeit noch Ort, davon zu sprechen. — Das wenige, was ihr sagt, versetzte der eine, mag für manchen überzeugend seyn; aber eure Freunde verlangen etwas gründlicheres; die Materie ist zu wichtig, um obenhin behandelt zu werden. Wir verlassen euch nur unter der Bedingung, daß ihr sie ein andermal wieder vornehmt. Spinoza, dem es nur darum zu thun war, die Unterhaltung abzubrechen, versprach ihnen, was sie wollten, vermied aber in der Folge sorgfältig alle Gelegenheiten, wo sie wieder darauf zu kommen suchten; und da er wohl wußte, daß Neugier selten aus guten

* Absich-

Absichten herrührt, so studierte er ihren Character, und fand so viel widriges in ihm, daß er allen Umgang aufhob. Jene glaubten, dieß geschehe nur, um sie zu prüfen, und murrten blos unter sich darüber; da sie aber sahen, daß es Ernst war, so schworen sie sich zu rächen, und um ihrer Sache gewisser zu seyn, fiengen sie an, ihn unter dem Volke zu verschreyen. Sie breiteten aus, man betrüge sich sehr in dem jungen Menschen, wenn man glaube, er werde eine Säule der Synagoge werden; es sey mehr Anschein da, daß er ihr Zerstöhrer werden könne, denn er hege nichts als Haß und Verachtung gegen das Gesetz Mosis; ja er sey ein wahrhafter Gotteslästerer, der Rabbin, wie gelehrt er auch sey, habe Unrecht, wenn er einen so vortheilhaften Begrif von ihm hege, und schon sein Anblick mache sie schaudern. Solche Urtheile streueten sie anfangs ganz heimlich aus, allein sie kamen sehr bald in Umlauf, und da sie den günstigen Zeitpunkt vor sich sahen, statteten sie den Weisen der Synagoge Bericht ab, und setzten sie in solche Glut gegen Spinoza, daß nicht viel fehlte, man hätte ihn ungehört verdammt.

Sie ließen ihn vor sich fordern. Er, sich bewußt, daß ihm sein Gewissen keinen Vorwurf mach-

machte, gieng freudig in die Synagoge. Mit niedergeschlagnem Angesicht und innerlich glühend von heiligem Eifer für die Sache Gottes sagten ihm seine Richter, sie könnten nach den guten Hoffnungen, die sie von seiner Frömmigkeit gefaßt hätten, kaum dem Gerüchte trauen, welches von ihm liefe; sie hätten ihn rufen lassen, um die Wahrheit zu hören, und mit gekränktem Herzen müßten sie ihn auffordern, von seinem Glauben Rechenschaft abzulegen, er sey des schwärzesten und ungeheuersten von allen Verbrechen angeklagt, der Lästerung des Gesetzes, sie wünschten herzlich, er möge sich von dem Verdachte reinigen, denn wenn er überführt würde, so könne die Strafe für ihn nicht grausam genug erdacht werden. Sie beschworen ihn, es zu gestehen, wenn er schuldig wäre; und da er leugnete, traten seine falschen Freunde auf und bezeugten mit der niedrigsten Frechheit, sie hätten ihn hören seinen Spott über die Juden treiben, als über Leute, die in Aberglauben und Unwissenheit gebohren und erzogen wären, die nicht wüßten, was Gott ist, und doch die Unverschämtheit hätten, mit verächtlicher Ausschließung andrer Nazionen sich sein Volk zu nennen. Das Gesetz, hätte er gesagt, sey von einem Manne gegeben worden, der in politischen Dingen gewand-

ter

ter gewesen, als sie, der aber von Physik und wahrer Religion so wenig verstanden hätte, daß man mit einer Unze gesunden Verstandes den Betrug entdecken könnte, und daß man so dumm als die Hebräer zu Mosis Zeiten seyn müßte, um sich an diesen artigen Mann zu halten. Dieses alles, verbunden mit seinen Aeußerungen über Gott, die Engel und die Seele, welche seine Ankläger keinesweges vergaßen, brachte die Gemüther in Aufruhr, und preßte ihnen den Fluch aus, bevor sich der Angeklagte noch rechtfertigen konnte. Die Richter, beseelt von einem heiligen Eifer das entehrte Gesetz zu rächen, fragten ihn, drangen in ihn, brohten, und suchten ihm Furcht einzujagen; aber der Beklagte antwortete auf alles nein, sagte, daß die Verschwendung so vieler Grimassen ihn dauerte, und er nur Beweise für die Gültigkeit des Zeugnisses seiner Ankläger verlange.

Unterdessen hatte Morteira die Gefahr gehört, in welcher sich sein Schüler befand; er lief zur Synagoge, setzte sich neben die Richter, und fragte ihn, ob er die guten Lehren vergessen hätte, die er ihm gegeben, ob so eine Empörung gegen seine Nation die Frucht der Mühe sey, die er auf seine Erziehung verwendet, und ob er nicht fürchte, in die Hände des lebendigen Gottes zu fallen? Das

Aergerniß sey schon groß, aber noch sey es Zeit zur Reue.

Da Morteira seine ganze Beredtsamkeit erschöpft hatte, ohne die Standhaftigkeit seines Schülers erschüttern zu können, drang er als Oberster der Synagoge mit einem furchtbaren Tone in ihn, er möchte wählen, ob er bereuen, oder sich der Strafe unterwerfen wolle; er betheuerte, ihn zu excommuniciren, wenn er nicht augenblicklich Zeichen der Buße von sich gäbe. Unerschrocken antwortete ihm sein Schüler, er kenne das Gewicht einer solchen Drohung sehr gut, und um ihm einen Ersatz für die Mühe zu leisten, die er angewendet habe, um ihn hebräisch zu lehren, wolle er ihn die Art und Weise zu excommuniciren lehren. Bey diesen Worten spie der ergrimmte Rabbin seine ganze Galle gegen ihn aus, schloß, nach einigen fruchtlosen Vorwürfen, die Synagoge, und schwor, nicht anders, als mit dem Blitze in der Hand, zurückzukommen. Allein, er glaubte doch nicht, daß sein Schüler Muth genug habe, es darauf ankommen zu lassen.

Er betrog sich indessen hierin. So gut er auch den Verstand seines Zöglings kannte, so wußte er doch nicht, wie weit seine Seelenstärke gieng. Die Frist, die man ihm gegeben hatte, um zu über-

überlegen, in was für einen Abgrund er sich stürzen wolle, verfloß umsonst, und man setzte den Tag der Verbannung fest.

Spinoza hörte es kaum, als er sich zu entfernen beschloß. Allein, das war nicht etwa Folge von Furcht. Ganz kaltblütig sagte er vielmehr zu dem, der ihm die Nachricht brachte: Immerhin, man zwingt mich zu nichts, das ich nicht auch ohnedem gethan haben würde,*) wenn ich nicht das Aergerniß befürchtet hätte; will man es so haben, so gehe ich meines Wegs, und bin überzeugt, daß mein Ausgang unschuldiger ist, als jener der alten Hebräer aus Egypten. (2. B. Mos. 12, 31.) Ich habe zwar eben so wenig Mittel, als sie, aber ich nehme doch niemanden etwas mit, und wie ungerecht man mich auch behandelt, so kann ich mich doch rühmen, daß man mir nichts vorzuwerfen hat.

Je weniger er seit einiger Zeit mit Juden umgieng, um desto mehr war er geneigt, Bekanntschaften mit Christen zu machen. Er trat mit verschiedenen geistvollen Männern in Verbindung, die ihm

---

*) Zuverläßig würde Spinoza sich auch ohne Excommunication von den Juden getrennt haben. Man darf seinen Verstand und sein Herz nur wenig kennen, um sich davon zu überzeugen.

ihm sagten, es sey Schade, daß er weder Lateinisch, noch Griechisch könne, wenn er auch gleich Hebräisch, Italiänisch, Spanisch, Deutsch, Flamländisch und Portugiesisch vollkommen verstehe. Auch sah Spinoza selbst ein, wie nützlich ihm jene gelehrten Sprachen seyn müßten. Allein, die Schwierigkeit war, Mittel zu finden, um sie zu erlernen; keine Kleinigkeit für einen Menschen, der weder Vermögen noch Freunde hatte. Da er immer daran dachte, und bey jeder Veranlassung seinen Wunsch äußerte, sie studieren zu können, both ihm van der Enden, welcher mit vielem Beyfall lateinisch und griechisch lehrte, Unterricht in seinem Hause an, ohne dafür eine Erkenntlichkeit zu verlangen, als daß er mit der Zeit ihn bey der Unterweisung seiner Schüler unterstützte. *)

Mar-

*) Wenn Kortholb in der Vorrede zu der zweyten Ausgabe des B. de tribus impostoribus sagt: ein Frauenzimmer habe Spinoza das Lateinische gelehrt, so steht dieß mit der Angabe unsers Verfassers nicht im Widerspruche. Van der Enden hatte eine Tochter, welche so gut Lateinisch verstand, daß sie in der Abwesenheit ihres Vaters seine Schüler unterrichten konnte. Dieses mochte nun bey Spinoza auch je zuweilen der Fall seyn, und sein Latein ist wenigstens so, daß es ihn eine Jungfer füglich gelehrt haben kann, obwohl

Morteira fühlte nun, indem er den Bannstrahl schleuderte, das ganze Vergnügen, welches niedrige Seelen in der Rache finden.

Die Verbannung der Juden hat weiter nichts besonderes. Doch, um nichts wegzulassen, was zum Unterrichte des Lesers dienen könnte, will ich die vorzüglichsten Umstände davon angeben.

Sobald das Volk in der Synagoge versammelt ist, beginnt diese Ceremonie, die man Cherem (Trennung) nennt, indem man eine große Menge schwarzer Wachskerzen anzündet und die Stiftshütte öfnet, wo die Gesetzbücher aufbewahrt sind. Dann stimmt ein Sänger auf einem erhöhten Orte mit einer klagenden Stimme den Bannspruch an, während ein andrer in ein Horn stößt, (wel-

wohl es immer unter den heutigen in dieser Sprache abgefaßten philosophischen Schriften glänzen könnte. Demoiselle van der Ende muß indessen ihren lateinischen Schülern besonders das Amo gut beyzubringen gewußt haben. Denn selbst Spinoza verliebte sich bey dieser Gelegenheit in sie, und war wirklich entschlossen, sie mit der Zeit zu heyrathen. Allein, er fand einen Nebenbuhler an einem gewissen Kerkering von Hamburg, welcher ebenfalls die lateinische Sprache erlernen sollte, und so stark auf das Herz seiner Lehrerin wirkte, daß sie ihn heyrathete.

(welches man Sophar nennt) und man die Kerzen umkehrt, und tropfenweise in eine Gruft, die mit Blut angefüllt ist, herabschmelzen läßt. Das Volk von heiligem Schauder und Wuth zugleich ergriffen, antwortet mit einem rasenden Gebrülle: Amen. Doch muß man bemerken, daß das Blasen des Horns, das Umkehren der Kerzen und die Gruft mit Blut erfüllt, nur Umstände sind, welche man bey Gotteslästerungen beobachtet; außerdem begnügt man sich, den Bannspruch zu donnern, wie es bey dem Herrn von Spinoza der Fall war, welchen man nur der Hintansetzung der Ehrfurcht gegen Moses und das Gesetz, aber keiner Gotteslästerung überführen konnte.

Der Bann ist bey den Juden von so großem Gewicht, daß die besten Freunde des Verbannten es nicht wagen dürfen, ihm den geringsten Dienst zu leisten, ja nicht einmal mit ihm sprechen dürfen, ohne ein gleiches Schicksal zu befürchten: daher auch diejenigen, welche die Einsamkeit und die Mißhandlungen des Volkes fürchten, lieber jede andre Strafe, als das Anathem erfahren.

Spinoza, welcher bey van der Enden eine Freystatt gefunden hatte, wo er vor den Nachstellungen der Juden sicher zu seyn glaubte, dachte nur daran, sich in den Wissenschaften zu vervollvollkommnen, und bey so außerordentlichen Talenten konnte es nicht fehlen, daß er nicht die schnellsten Fortschritte gemacht hätte. Allein die Juden, mißvergnügt, daß ihnen ihr Streich nicht gelungen war, und daß der, dem sie den Untergang geschworen hatten, sich außer ihrer Gewalt befand, klagten ihn eines Verbrechens an, dessen sie ihn doch nicht hatten überführen können. Ich spreche von den Juden im Allgemeinen. Denn obschon diejenigen, welche vom Altare leben, nie verzeihen, so möchte ich doch nicht sagen, daß Morteira und seine Collegen bey dieser Gelegenheit die einzigen Ankläger gewesen sind. Sich ihrer Gerichtsbarkeit entzogen zu haben, und ohne ihre Unterstützung zu leben, waren zwey Verbrechen, die unverzeihlich schienen. Morteira besonders konnte es nicht dulden, daß er in einer und derselben Stadt mit einem Schüler leben sollte, der ihn so schimpflich beleidigt hatte. Aber was konnt er thun, um ihn zu vertreiben? Herr von der Stadt war er nicht, wie er es von der Synagoge war. Doch die Bosheit unter der Decke eines falschen Eifers ist mächtig genug, und der Alte kam wirklich zum Zwecke. Laßt uns sehn, wie er es anfieng. Er gieng in Begleitung eines andern Rabbinen von demselben Schlage zum Magistrate, stellte

stellte diesem vor, daß die Verbannung Spinozas keine geringern Ursachen habe, als die entsetzlichsten Lästerungen gegen Moses und gegen Gott. Er vergrößerte seine Lüge mit allen denen Ränken, die nur heiliger Haß einem unversöhnlichen Herzen eingeben kann, und verlangte, man solle den Beklagten aus Amsterdam verweisen. Man durfte nur die Wuth und Erbitterung sehen, mit welcher der Rabbin gegen seinen Schüler loszog, um sich zu überzeugen, daß nicht wahrer Religionseifer, sondern Privathaß die Triebfeder war, die ihn zur Rache anreizte. Auch schickten ihn die Richter, die es entdeckten, um ihn los zu werden, zu den reformirten Geistlichen.

Diese befanden sich nach angestellter Untersuchung der Sache in Verlegenheit. So wie der Beklagte sich vertheidigte, konnte man keine Gottlosigkeit an ihm entdecken; aber auf der andern Seite so war der Kläger doch Rabbin, und seine Würde erinnerte die Herren an die ihrige. Alles wohl erwogen, konnten sie nicht eins werden, einen Menschen loszusprechen, den einer ihres gleichen unglücklich machen wollte, ohne dem ganzen geistlichen Stande Schmach anzuthun; sie mußten zum Vortheile des Rabbinen entscheiden. So wahr ist es, daß die Priester aller Religionen, Heyden,

den, Juden, Christen, oder Türken, statt sich
für Gerechtigkeit, Tugend und Wahrheit zu interessiren, nur auf ihren Rang und Ansehen eifer-
süchtig sind, und daß sie alle von demselben Ver-
folgungsgeiste beseelt sind. Der Magistrat, welcher aus leicht zu entdeckenden Ursachen nicht entgegen seyn wollte, verurtheilte den Beklagten zu
einem Exil von einigen Monaten. So ward der
Rabbinism gerächt; aber wahr ist es, daß es weniger geschah aus unmittelbarem Vorsatze der Richter, als vielmehr, um sich von dem Geschreye
des lästigsten von allen Menschen zu befreyen.
Ueberdem war dieser Ausspruch für Spinoza gar
nicht unangenehm, da er ohnehin Willens gewesen, Amsterdam zu verlassen. Er hatte gerade
so viel Humanioren gelernt, als ein Philosoph
braucht, und wollte sich dem Getümmel einer gros-
sen Stadt entreißen, als man auf seine Verwei-
sung drang. Die Verfolgung that also weiter
nichts, als daß sie ihn in die Einsamkeit führte,
wonach sein wahrheitforschender Geist schon längst
getrachtet hatte. Mit Freuden verließ er jetzt seine Vaterstadt, und begab sich nach Rynsburg,
eine Meile von Leyden, wo er sich nun, aller Hin-
dernisse überhoben, die er nur durch Entfernung
besiegen können, dem Studium der Philosophie

wid-

widmete. Da wenige Schriftsteller nach seinem Geschmacke waren, so überließ er sich ganz seinen eigenen Betrachtungen. *) Sein fester Vorsatz war,

*) Kein Philosoph hat wohl die Vernunft so ganz zum einzigen Maasstabe seiner Ueberzeugung gemacht, als Spinoza. Keine historischen Zeugen, keine Wunder, keine Bedürfnisse und Schwächen des Herzens konnten ihn bewegen, Sätze anzunehmen, in denen er Widerspruch mit den Grundgesetzen des Denkens entdeckte. Glaube, im theologischen Sinne, war seiner ganzen Natur zuwider. Mit unerschütterter Zuversicht provozirte er überall auf das Wahrheitsgefühl, welches ihm die Natur mit seiner Vernunft gegeben hatte, diesem durfte nichts widersprechen, was er glauben sollte; veritas, sagte er, veritati non repugnat. (Ep. XXXIV. pag. 498. Opp. Posth.)

Wer Spinozas Lage und seinen ausgebreiteten Ruhm kennt, muß sehr leicht auf die Frage gerathen, ob nicht verschiedene Religionsparthenen gesucht haben, ihn an sich zu ziehn. Ein Mann von seinem Genie würde gewiß für jede, die ihn zu gewinnen gewußt hätte, keine kleine Akquisition gewesen seyn. Sonderbar trift es sich auch hier, daß die katholische Kirche ihre magnetische Kraft versucht hat, und der ganze Umstand ist zu merkwürdig, als daß ich ihn nicht bekannter machen sollte. In keiner Biographie Spinozas finde ich ihn bemerkt. Ein junger Niederländer, Albert Burgh, ein Mensch von vielen Talenten,

(egre-

war, überall mit seiner Vernunft bis an die äußerste Gränze zu dringen, welche die Natur dem Menschen

(egregia indole, sagt Spinoza im Briefe an ihn) war in seinem Vaterlande mit Spinoza und seiner Philosophie genau bekannt geworden, (quo magis te antea pro subtilitate et acumine tui ingenii admiratus sum, eo magis te nunc defleo, sagt er selbst im Briefe an Spinoza.) Er gieng nach Italien, und nahm auf einmal die römischkatholische Religion an. Die Katastrophe würde unbegreiflich seyn, wenn uns nicht eine Stelle seines Briefes vermuthen ließe, durch welche Mittel man ihn unter die Fahne eines blinden Glaubens zu werben gewußt hatte. Ich setze die ganze Stelle her. Denn Burghs Seelenzustand hat viel Aehnlichkeit mit dem verschiedener Helden auf dem Theater unsrer Zeiten: Quam plurima enim sunt, immo innumera, quae si aliquid certi cognosci datur in rebus naturalibus, explicare tamen minime poteris; sed neque quidem apparentem talium Phaenomenorum contradictionem cum reliquorum tuis explicationibus, a te pro certissimis habitis auferre. Nullum penitus ex tuis principiis explicabis eorum, quae in *fascinatione et praecantationibus verborum certorum sola pronuntiatione; aut simplici illorum aut characterum in quacunque materia expressorum gestatione* efficiuntur, nec non *phaenomenorum stupendorum a Daemoniis obsessorum*, quorum omnium ego ipse varia exempla vidi, et innumerorum talium certissima testimonia

schen abgestochen hat, und es ist unleugbar, daß wenig Menschen in die Gegenstände, welche er beha-

nia quamplurium personarum fide dignissimarum et uno ore loquentium intellexi. Quid poteris iudicare de rerum omnium essentiis, concesso, quod ideae aliquae, quas in mente habes, rerum istarum essentiis, quarum ideae sunt adaequatae, conveniant? cum securus nunquam esse possis, an omnium rerum creatarum ideae in mente humana habeantur naturaliter, an vero multae, si non omnes in eadem produci possint, et revera producantur ab obiectis externis, ac etiam *per suggestionem spirituum bonorum, malorumve, divinamque revelationem evidentem.* Quomodo itaque non consulens aliorum hominum testimonia, et rerum experientiam, ne iam dicam de subiiciendo tuo iudicio omnipotentiae divinae, ex tuis principiis definire praecise poteris, stabilireque pro certo existentiam actualem, aut non existentiam, possibilitatem aut impossibilitatem existendi harum e. g. sequentium rerum, (scilicet illas vel dari actualiter vel non dari, aut posse dari, vel non posse dari in rerum natura) uti sunt: *virga probatoria ad detegenda metalla, et aequas subterraneas, lapis quem quaerunt Alchymistae; potentia verborum et characterum; apparitiones spirituum variorum tam bonorum quam malorum, eorundumque potentia et scientia et occupatio; repraesentatio plantarum et florum in Phiala vitrea post illarum combustionem; Syrenes; homunculi in mineris saepius sese, ut fertur, ostendentes; Antipathiae et Sympathiae rerum quam*

behandelte, so tief eingedrungen sind, als er.

quam plurimarum; impenetrabilitas corporis humani, etc. Nihil prorsus, mi Philosophe, etiamsi millies subtiliore et acutiore, quam posses ingenio, praevaleres, horum dictorum poteris determinare: et si soli intellectui tuo in hisce et similibus diiudicandis confidis, certe eodem modo iam cogitas de illis, quae tibi incognita aut incomperta sunt ac proinde impossibilia habentur; sed revera incerta tantum, donec testimoniis quamplurium fide dignorum testium convictus fueris, debent videri. Diese Stelle zeigt, wie mich dünkt, hinlänglich, durch was für Kunststücke Burgh bewogen worden, das spinozaische Kriterium der Wahrheit, die Vernunft zu verlassen. Allein, wie kam es, daß der junge Mensch nun gleich an Spinoza zum Ritter werden wollte? daß er ihn in einem eilf Quartseiten langen Briefe für die römischkatholische Kirche einzunehmen suchte? War es sein eigner Antrieb? Oder staken Männer hinter ihm, die ihm wohl gar den Brief diktirten? Sein Brief ist eine vollendete katholische Dogmatik im Kleinen, mit aller Schlauheit eines Proselytenmachers geschrieben, und ich kann mir nicht vorstellen, daß er unmittelbar aus Burghs Feder geflossen sey, da dieser kurz vorher nur, bald nach seiner Ankunft in Florenz, die Religion verändert hatte. Was aber der Brief für eine Wirkung auf Spinoza machte, das kann man sich leicht denken. Konnte irgend eine positive Religion nach seinem Geschmacke seyn, so war es doch gewiß die katholische nicht, und er antwortete dem

jungen

Zwey Jahre blieb Spinoza in dieser Einsamkeit. Allein, wie vorsichtig er auch allen Umgang mit jungen Menschen in einem Tone, den er sonst selten einschlug. Sein Brief verbreitet viel Licht über seinen ganzen Charakter, und Grundsätze in Dingen dieser Art; kann auch manchem unsrer Zeitgenossen zur Lektion dienen, der entweder selbst betrogen, oder um zu betrügen verpflichtet ist. Hier ist er:

„Was ich auf keines Menschen Bericht glauben wol„len, das habe ich aus deinem Briefe erfahren, daß „du nämlich nicht nur zur römischkatholischen Kirche „übergegangen, sondern auch ihr heftigster Verfechter „geworden bist, und mit der Wuth eines Rasenden „diejenigen verfluchst, die nicht mit ihr halten. Ich „wollte dir erst gar nichts darauf antworten; aber dei„ne Freunde, die mit mir so viel von deinen grosen Ta„lenten gehofft hatten, baten mich dringend, ich möchte „als Freund an dir handeln, und nicht sowohl denken, „was du jetzt bist, als was du warest: So entschloß ich „mich denn, an dich zu schreiben, und bitte dich, meinen „Brief billig zu beurtheilen.

„Ich will dir nicht, wie es die Gegner der römischen „Kirche zu thun pflegen, die Laster und Verbrechen der „Pfaffen und Päbste herzählen; ich gebe gern zu, daß „sie mehr gelehrte und redliche Männer in ihrem Schooße „hat, als iede andre christliche Kirche, welches auch „kein Wunder ist, da sie unter allen den größten Um„fang hat. Du wirst aber im Gegentheile auch nicht „leugnen können, wenn du nicht mit dem Verstande „auch

mit seinen Freunden vermied, so kamen deſſenungeachtet die vertrauteſten derſelben von Zeit zu Zeit

zu

„auch das Gedächtniß verlohren haſt, daß jede Sekte
„Männer aufweiſen kann, die Gott durch Gerechtigkeit
„und Liebe ehren. Ich will dir keine Beyſpiele ſoge„ſinnter Lutheraner, Reformirten, Mennoniten und
„Enthuſiaſten nennen; nur an deine Vorältern laß
„mich dich erinnern, die zu Herzog Albas Zeiten alle
„Arten von Martern wegen ihrer Religion erduldet ha„ben, und du mußt mir zugeben, daß Heiligkeit des
„Lebens kein Eigenthum der Römiſchen Kirche, ſondern
„allen chriſtlichen Sekten gemein iſt. Da wir nur durch
„ſie wiſſen, (um mit dem Apoſtel Johannes zu reden,
„1. Br. K. 4. v. 13.) daß wir in Gott ſind, und Gott in
„uns iſt, ſo folgt, daß alles, wodurch ſich die Römi„ſche Kirche von andern unterſcheidet, überflüßig iſt,
„und ſich nur vom Aberglauben herſchreibt; denn Ge„rechtigkeit und Liebe ſind das einzige gewiſſe Zeichen
„des wahren katholiſchen Glaubens, und die Frucht des
„wahren heiligen Geiſtes; wo ſie ſich finden, da iſt
„Chriſtus, und wo ſie fehlen, da fehlt auch Chriſtus.
„Denn der Geiſt Chriſtus allein kann uns zur Gerech„tigkeit und Liebe führen. Hätteſt du das recht erwo„gen, ſo hätteſt du weder dich ins Verderben gebracht,
„noch deine Aeltern in den bitterſten Jammer über dein
„Schickſal geſtürzt.

„Du beweinſt mich in deinem Briefe, daß ich mich
„vom Fürſten der böſen Geiſter beſtricken laſſe. Ich
„bitte dich, komm wieder zu dir. Da du noch bey
„Ver

zu ihm, und konnten sich kaum von ihm losreißen. Diese Freunde, welche fast alle Schüler des

„Verstande warst, betetest du, wenn ich nicht irre, den
„unendlichen Gott an, dessen Kraft alles schaft und er-
„hält ohne Bedingung und Einschränkung; jetzt träumst
„du von einem Fürsten der Geister, einem Widersacher
„Gottes, der wider den Willen Gottes die meisten Men-
„schen verführt, die dann Gott dem Urheber der Sün-
„den zu ewigen Qualen übergiebt.

„Das läßt also die göttliche Gerechtigkeit zu, daß
„der Teufel die Menschen ungestraft betrüge, keines-
„weges aber, daß diese Menschen, die so unglücklich be-
„trogen werden, ohne Strafe bleiben.

„Doch dieser Unsinn möchte noch gehn, wenn du
„nur den unendlichen ewigen Gott anbetetest, und
„nicht vielmehr jenen, den Chastillon in Tienen unge-
„straft den Pferden zu fressen gab. — Und du Elender
„beweinst mich? nennst meine Philosophie, die du
„nicht kennst, eine Chimäre? — O du thörichter Jüng-
„ling, wer hat dich so verblendet, daß du das Unend-
„liche und Ewige in dich geschlungen zu haben wähnst!
„(o mente destitute iuvenis, quis te fascinavit, ut
„summum illud et aeternum te devorare, et in inte-
„stinis habere credas?)

„Du giebst dir das Ansehn, als ob du die Vernunft
„hören wolltest; du fragst mich: „woher ich denn wisse,
„daß meine Philosophie die beste unter allen Philoso-
„phien sey, die je gelehrt worden, noch gelehrt werden,
„und es in der Folge noch werden?" eine Frage, die
„ich

Des Cartes waren, legten ihm schwere Fragen vor, von denen sie vorgaben, sie könnten nur nach

„ich wahrhaftig mit weit mehrerm Rechte an dich thun
„dürfte. Ich maaße mir nicht an, die beste Philosophie
„erfunden zu haben, aber ich weiß, daß ich ihre Wahr-
„heit einsehe, (ego non praesumo, me optimam inve-
„nisse philosophiam, sed *veram me intelligere scio*:) *a*)
„Fragst du, wie ich das wissen könne, so antworte ich,
„eben so, wie du weißt, daß die drey Winkel eines Tri-
„angels zwey rechten gleich sind, und damit wird sich
„jedermann befriedigen, der ein gesundes Gehirn hat,
„und

a) Spinoza will sagen, ich maaße mir nicht an, daß meine Philosophie für alle Menschen faßlich und annehmbar, für alle Schwächen und Bedürfnisse des Herzens befriedigend sey, aber das weiß ich, das sagt mir mein Wahrheitsgefühl, dieser innre Richter, welcher die Erscheinungen und Ideen auf die unendlichen Eigenschaften der Gottheit zurückführt, und nach ihnen das wesentliche der Dinge bestimmt: daß ich meine Philosophie als wahr anerkenne, daß sie übereinstimmt mit den Gesetzen der Vernunft. — Ich kann mich hier nicht ausführlich auf das Prinzip der Wahrheit nach Spinoza auslassen, welches eine der erhabensten Seiten seiner Philosophie ist. Die klassische Stelle hierüber ist im 2. B. der Ethik, d. 40. Propos 2. Schol. Im zweyten Theile meines Werkes werde ich versuchen, seine Idee zur möglichsten Klarheit zu erheben.

nach den Grundsätzen ihres Lehrers entschieden werden. Spinoza benahm ihnen ihre Irrthümer,

„und nicht von unreinen Geistern schwärmt, die uns
„falsche Begriffe eingeben, welche den wahren gleich
„scheinen: denn das Wahre stellt sich selbst und zugleich
„das Falsche dar. (est enim verum index sui et falsi.) *ρ*)
„Du

ρ) Das Irrige nämlich ist nach Spinoza blos eine Verneinung, nichts positives. Wenn ich also etwas als wahr erkenne, und zwar klar erkenne, so erkenne ich auch zugleich, daß sein Gegentheil falsch sey, und es bedarf hierzu keines besondern Schlusses. Bewußtseyn der Wahrheit ist zugleich Ausschließung des Irrthums. Nam nemo, qui veram habet ideam, dieß ist die hieher gehörige goldne Stelle des Weltweisen: ignorat, veram ideam summam certitudinem involvere; *veram* namque *habere ideam*, nihil aliud significat, quam *perfecte sive optime rem cognoscere*; nec sane aliquis de hac re dubitare potest, nisi putet, *ideam quid mutum instar picturae in tabula, et non modum cogitandi esse*, nempe ipsum: *intelligere*; et quaeso, quis scire potest, se rem aliquam intelligere, nisi prius rem intelligat? hoc est, quis potest scire, se de aliqua re certum esse, nisi prius de ea re certus sit? Deinde, quid idea vera clarius, et certius dari potest, quod norma sit veritatis? Sane, *sicut lux se ipsam et tenebras manifestat, sic veritas norma sui et falsi est*. So viel vor der Hand zum Verständnisse des Briefes.

indem er sie durch entgegengesetzte Gründe befrie-
digte. Aber — so weit geht die Gewalt der
Vor-

„Du aber, der du vorgiebst, du habest die beste Reli-
„gion gefunden, oder vielmehr die besten Männer, denen
„deine Leichtgläubigkeit anhängen kann, der du weißt,
„daß sie die besten unter allen sind, die andre Religionen
„gelehrt haben, noch lehren, und in Zukunft lehren wer-
„den? Hast du, frage ich, alle jene alte und neue Reli-
„gionen geprüft, die hier, in Indien, und in der ganzen
„Welt gelehrt werden? Oder, wenn du sie geprüft hast,
„woher weißt du denn, daß du die beste gewählt hast?
„Denn du kannst doch für deinen Glauben keinen Ver-
„nunftgrund angeben. Du wirst sagen, du beruhigtest
„dich bey dem innern Zeugnisse des Geistes Gottes, alle
„andre würden vom bösen Feinde irre geführt und ge-
„täuscht; aber eben das sagen ja alle von ihren Religio-
„nen, die außer der Römischkatholischen Kirche sind.

„Was du aber von der völligen Uebereinstimmung
„so vieler Myriaden Menschen, von der ununterbroche-
„nen Fortdauer der Kirche u. a. D. sagst, das ist ja nichts
„anders, als das alte Lied der Pharisäer. Denn diese
„zählen mit so vieler Zuversicht, als die Katholiken,
„Myriaden von Zeugen auf, welche mit eben so vieler
„Hartnäckigkeit, als jene der Römischen Kirche, Dinge,
„die sie nur von Hörensagen kennen, so erzählen, als ob
„sie dieselben selbst erfahren hätten. Dann führen sie
„eben sowohl ihren Stammbaum bis auf Adam zurück,
„und prahlen mit gleicher Frechheit, daß ihre Kirche,
„trotz

Vorurtheile — es fehlte nicht viel, so hätten diese Leute ihm den Untergang zugezogen, indem sie

„trotz dem Hasse der Heyden und Christen bis auf diesen
„Tag unerschüttert fortdaure. Alterthum ist auch ihr
„wichtigstes Document. Einstimmig schreyen sie, daß
„ihre Traditionen unmittelbar von Gott herkommen, daß
„sie allein das geschriebene und nichtgeschriebene Wort
„Gottes besitzen. Niemand kann leugnen, daß sie eini=
„ge tausend Jahre ohne einen Zwang der Regierung, blos
„Kraft ihres Aberglaubens standhaft geblieben sind. An
„ihren Wundern können sich die Zungen von tausend der
„größten Schwätzer schachmatt erzählen. Und womit
„sie sich am meisten brüsten, ist, daß sie mehr Märty=
„rer herrechnen können, als irgend eine Nation, und
„daß sich die Anzahl derselben mit jedem Tage vermehrt;
„und das ist keine Lüge; denn ich habe selbst einen sol=
„chen rechtgläubigen Juden gekannt, der mitten in den
„Flammen, da man ihn längst todt glaubte, noch den
„Gesang anstimmte: Tibi deus animam meam offero,
„und singend seinen Geist aufgab.
„Die harmonische Ordnung der Römischen Kirche,
„die du so sehr lobst, ist, ich gestehe es, politisch genug,
„und zum Gewinnste treflich. Ich würde auch gewiß
„glauben, daß es, um das Volk zu betrügen, und die
„Geister einzuschränken, gar keine bequemere geben
„könnte, wenn nicht die Ordnung der Muhamedani=
„schen Kirche jene der Katholischen noch weit übertrafe.
„Denn seit der Zeit, da dieses System von Schwärme=
„rey

sie öffentlich erklärten: Des Cartes sey nicht der einzige Philosoph, welcher befolgt zu werden verdiente.

"rey und Aberglauben, gegründet worden ist, hat sich in
"der Türkischen Kirche noch keine Spaltung ereignet.

"Wenn du also ehrlich rechnest, so wirst du nur
"einen wichtigen Beweis für die christliche Religion
"aufstellen können, nämlich: die historische Wahrheit,
"daß ungelehrte geringe Leute beynahe die ganze
"Welt zum Glauben an Christus bekehren können.
"Aber dieser Grund gilt von allen christlichen Sekten,
"nicht etwa blos von der Römischkatholischen.

"Allein gesetzt nun auch, deine Beweise wären blos
"von der Römischkatholischen Kirche gültig, glaubst du
"denn, du könnest damit das Ansehn dieser Kirche ma-
"thematisch erweisen? Und da du nun das nicht kannst,
"mit welchem Rechte verlangst du, ich solle glauben,
"der Teufel habe mir meine Demonstrationen eingege-
"ben? und dir habe Gott die deinen inspirirt? Zu-
"mal da ich aus deinen Briefen klar und deutlich ein-
"sehe, daß du ein Leibeigner der Römischen Kirche ge-
"worden bist, nicht aus Liebe zu Gott, sondern aus Furcht
"vor der Hölle, die die einzige Ursache alles Aberglau-
"bens ist. Soll das Demuth heißen, daß du dir
"selbst nichts glaubst, sondern nur andern? oder
"glaubst du, es sey auf meiner Seite Vermessenheit
"und Stolz, daß ich meine Vernunft gebrauche,
"und mich an diesem Worte Gottes, wel-
"ches in der Seele selbst liegt, und nie ver-
"fälscht

ec. Die meisten Reformirten Geistlichen, die für die Lehre dieses großen Genies eingenommen waren,

"fälscht werden kann, begnüge? Geh mit deinem
"unseligen Aberglauben, erkenne die Vernunft an,
"die dir Gott gab, und bilde sie, wenn du nicht un-
"ter die Thiere gezählt werden willst. Höre auf,
"widersinnige Irrthümer Mysterien zu nennen, und
"verwechsele nicht auf eine so grobe Art Dinge, die
"uns unbekannt und noch nicht entdeckt sind, mit
"solchen, deren Absurdität wir einsehn, wie es die
"abscheulichen Geheimnisse dieser Kirche sind, von
"denen du glaubst, sie überstiegen die Vernunft, da
"sie ihr vielmehr widersprechen. γ)
"Was

γ) Diese Stelle ist zu trefflich, um nicht die eignen Worte Spinozas beyzufügen: Estne haec tua humilitas, ut nihil tibi, sed ut aliis, qui a plurimis damnantur, credas? an arrogantiae et superbiae ducis, quod ratione utar, et in hoc vero dei verbo, quod in mente est, quodque nunquam depravari, nec corrumpi potest, acquiescam? Apage hanc exitialem superstitionem, et quam tibi deus dedit rationem agnosce, eamque cole, nisi inter bruta haberi velis. Desine, inquam, absurdos errores mysteria appellare, nec turpiter confunde illa, quae nobis incognita, et nondum reperta sunt, cum iis, quae absurda esse demonstrantur, uti sunt huius Eclesiae horribilia secreta, quae, quo magis rectae rationi repugnant, eo ipsa intellectum transcendere credis.

ren, und das Vorrecht zu haben glaubten, in ihren Meynungen untrüglich zu seyn, schrieen gegen

„Was übrigens den Grundsatz meines tractatus theo-
„logico-Politicus anbetrift: daß die Schrift allein
„durch die Schrift ausgelegt werden müsse, den du
„vermessen genug bist, grundlos zu nennen; so ist der-
„selbe nicht blos als Hypothese hingeworfen; seine Wahr-
„heit ist vielmehr apodiktisch demonstrirt, besonders im
„7. Kap., wo auch die Meynungen der Gegner wider-
„legt werden; ferner zu Ende des 15. Kap. Wenn du
„beliebtest, dieses alles zu erwägen, und daneben die
„Kirchengeschichte, in welcher du, wie ich sehe, ganz
„Fremdling bist, studiertest, um zu erfahren, wie falsch
„die meisten Angaben der Katholiken sind, und durch
„welche Schicksale und Ränke der Römische Bischof erst
„sechshundert Jahre nach Christus Geburt Oberhaupt der
„Kirche geworden ist, so zweifle ich nicht, daß du wie-
„der zu Sinnen kommen werdest, welches ich auch herz-
„lich wünsche. Lebe wohl!"

Es sollte mich herzlich dauern, wenn dieser Brief Jemanden Langeweile gemacht hätte. Jeden denkenden Kopf, dächte ich, müßten solche Ergießungen inniger Ueberzeugung interessiren. Hier sehe ich den ganzen Spinoza in seinem Glauben leben und weben, sehe, daß nicht Paradoxie Quelle seiner Grundsätze war, sondern, daß sie ihm wirklich am Herzen lagen. Selbst der Ton, mit welchem er zuweilen auf seinen Gegner eindringt, ist interessant; es ist nicht die Heftigkeit eines obstinirten Starrkopfs, oder eines eifersüchtigen
Pro-

gen ein Gerücht, welches sie zu beleidigen schien, und boten alle ihre Kräfte auf, um es in seiner Quelle zu ersticken. Allein, sie mochten thun, was sie wollten, das Uebel wuchs von Tage zu Tage dergestalt, daß wirklich schon ein bürgerlicher Krieg auszubrechen drohte, als man beschloß, unsern Philosophen um eine öffentliche Erklärung über das Cartesische System zu bitten.

Herr von Spinoza, welcher den Frieden über alles liebte, verwandte sehr gern seine müßigen Stunden auf diese Arbeit, und ließ sie im Jahre 1663 drucken. Das Werk ist betitelt: Renati Des Cartes Principia Philosophiae modo geometrico demonstrata per Bened. de Spinoza, apud Ioh. Ruwerts, 1663. Hierin beweist er die beyden ersten Theile der Principia Philosophiae des Des Cartes, geometrisch, wovon er in der Vorrede Rechenschaft giebt, welche einer seiner Freunde, Herr Ludwig Meyer, ein Amsterdamer Arzt, in seinem Nahmen ausgefertigt hat.

Allein,

Professors, der den andern niederdisputiren will, es ist die ddle Hitze eines Mannes, der sein Eigenthum, die Vernunft, vertheidigt, der auf vaterländischem Boden kämpft, und eher untergehn, als weichen will.

Allein, was er auch zum Vortheile dieses großen Schriftstellers sagen konnte, so thaten doch die Anhänger desselben alles, was in ihrer Gewalt stand, um unsern Philosophen zu unterdrücken, nach der feinen Methode des heiligen Augustins, welcher die heftigsten Bücher gegen die Ketzerey schrieb, um sich selbst vom Verdachte derselben zu befreyen. Diese Verfolgung von Seiten der Cartesianer dauerte, so lange Spinoza lebte; allein, weit entfernt, ihn zu erschüttern, bestärkte sie ihn vielmehr in seinem Forschen nach Wahrheit.

Er schrieb die meisten Laster der Menschen Fehlern des Verstandes zu, und um sich davor zu sichern, begab er sich noch tiefer in die Einsamkeit, indem er nach Voorburg, eine Meile vom Haag, gieng, wo er noch mehrerer Ruhe zu genießen hoffte. Die wahren Gelehrten, welche ihn vermißten, unterließen auch hier nicht, ihn mit Vorwürfen und Besuchen zu beschweren, und er, der wirklich für wahre Freundschaft Gefühl hatte, gab endlich ihren Bitten nach, das Land gegen eine Stadt zu vertauschen, wo sie ihn mit weniger Schwierigkeit sehen und sprechen könnten. Er zog also nach Haag, welche Stadt er ihrer gesunden Luft wegen Amsterdam vorzog, und hier blieb er auch sein ganzes Leben durch.

Anfangs

Anfangs wurde er hier nur von wenigen Freunden besucht, die es auch mit Mäßigkeit thaten. Allein im Haag sind immer viele Fremde. Und so wie diese alles Sehenswürdige in Augenschein nahmen, so würden die gelehrtesten von ihnen ihre Reise für verlohren gehalten haben, wenn sie den Herrn von Spinoza nicht gesprochen hätten. Da er nun bey näherer Bekanntschaft allezeit den Erwartungen entsprach, die man von ihm gefaßt hatte, so war es kein Wunder, daß die meisten Gelehrten an ihn schrieben, und sich über ihre Zweifel Aufklärung ausbaten, wie es die vielen Briefe bezeugen, welche man nach seinem Tode in den Operibus Posthumis herausgegeben hat. *)

Doch

*) Nicht immer konnten Spinoza'n die Anfragen seiner gelehrten Freunde angenehm seyn; bey verschiedenen wundre ich mich über seine Gedult, sie zu beantworten. So z. B. quälte ihn ein gewisser Blyenbergh sehr oft mit äußerst seichten Einwürfen gegen seine Metaphysik, und wie viel Spinoza im Grunde Lust haben konnte, sich mit ihm einzulassen, kann man schon aus der Art schließen, wie er (Blyenbergh) sich ihm ankündigte: Antequam ad postulatum accedam, ut nimirum quasdam difficultates solveres, inprimis sciendum est: me duas generales habere regulas, juxta quas semper studeo philosophari, prior Regula est clarus

Doch bey der großen Menge von Besuchen, die er annehmen mußte, bey dem ausgebreiteten Brief-

clarus et distinctus mei intellectus conceptus, posterior est verbum Dei revelatum vel Dei voluntas. Iuxta priorem *amator veritatis*; iuxta utramque vero, *Christianus* ut sim *Philosophus* conor; et siquando post longum accideret examen, ut naturalis mea cognitio vel videretur cum hoc verbo pugnare vel minus bene cum eo convenire, tantum hoc Verbum apud me habet auctoritatis, ut conceptus, quos claros esse mihi imaginor, mihi sint potius suspecti, quam ut eos supra et contra illam veritatem, quam in illo libro mihi praescriptam puto, collocarem. Ein Mann, der so philosophirte, konnte wenigstens Spinoza'n keine interessante Unterhaltung gewähren. Er entzog sich ihm auch wirklich endlich, da er merkte, daß er immer nur verwirrter ward, jemehr er sich Mühe gab, seine Fragen zu beantworten. Doch ist kein Briefwechsel Spinozas's komischer, als der mit einem Ungenannten über die Gespenster. (Opp. Posth. 564. u. f. w.) Was für tiefe Einsichten dieser gute Mann dem Spinoza zutraute, sieht man aus einer Frage, die er ihm unter andern vorlegte, und die in der That manchem Geisterseher unsrer schaulustigen Zeiten Ehre machen würde, nämlich: ob es Gespenster weiblichen Geschlechts gebe? Mancher Ehemann würde vielleicht darauf decisiv genug geantwortet haben; allein Spinoza konnte sich nicht anders aus dieser Verlegenheit ziehn, als indem er den Frager auf die Evidenz der Sinnen, auf intuitive Erkenntniß verwies; er thäte am Besten, antwortete

Briefwechsel, welchen er nicht abbrechen konnte, und seinen schriftstellerischen Arbeiten blieb seinem großen Geiste immer noch Muse übrig. Er verwandte täglich einige Stunden auf die Verfertigung von Mikroskopen und Teleskopen, und er hatte so viel Fähigkeit zu Arbeiten dieser Art, daß er gewiß, wenn ihn der Tod nicht verhindert hätte, die schönsten Geheimnisse der Optik entdeckt haben würde.

Sein Eifer für die Erforschung der Wahrheit gieng so weit, daß er, ob er gleich wegen seiner schwachen Gesundheit Erholung brauchte, dennoch so wenig auf sie bedacht war, daß er drey Monathe lang seine Wohnung gar nicht verließ. Ja er schlug sogar eine ihm angetragene Professur der Philosophie zu Heidelberg aus, weil er befürchtete, er möchte durch dieses Amt in seinem Plane gehindert werden.*)

wortete er ihm, wenn er darnach sähe. Und was konnt' er auch wohl besseres antworten? — Dieser Brief Spinoza's über die Gespenster und Geister befindet sich in den Oper. Posth. 569.

*) Der Kurfürst von der Pfalz ließ ihm diese Stelle durch den Prof. Fabricius antragen. Sein deshalb an Spinoza geschriebener Brief befindet sich in den Operr. Posth.

Da sich Spinoza so außerordentlich beeifert hatte, seinen Verstand zu bilden, so ist es nicht zu verwundern, daß alles, was er geschrieben hat, unnachahmlich ist. Vor ihm war die heilige

Posth. 561. 562. Ausdrücklich versicherte ihm Fabricius: Philosophandi libertatem habebis amplissimam, qua te ad publice stabilitam religionem conturbandam non abusurum princeps credit. Allein Spinoza antwortete: (S. 563.) Quoniam nunquam publice docere animus fuit, induci non possum, ut praeclaram hanc occasionem amplectar, tametsi rem diu mecum agitaverim. Nam cogito primo, me a promovenda philosophia cessare, si instituendae iuuentuti vacare velim. Cogito deinde, me nescire, quibus limitibus libertas ista philosophandi intercludi debeat, ne videar publice stabilitam Religionem perturbare velle: quippe schismata non tam ex ardenti Religionis studio oriuntur, quam ex vario hominum affectu, vel contradicendi studio, quo omnia, etsi recte dicta sint, depravare et damnare solent. Atque haec cum iam expertus sim, dum vitam privatam et solitariam ago, multo magis timenda erunt, postquam ad hunc dignitatis gradum ascendero. Vides itaque, Vir Amplissime, me non spe melioris fortunae haerere, sed prae tranquillitatis amore, quam alia ratione me obtinere posse credo, modo a publicis Lectionibus abstineam. Quapropter te enixissime rogo, ut Serenissimum Electorem ores, ut mihi hac de re amplius deliberare liceat etc.

.lige Schrift ein unzugängliches Heiligthum. Alle sprachen davon wie Blinde; er allein spricht wie ein Weiser in seinem theologisch-politischen Traktate. Denn noch hatte niemand die Jüdischen Alterthümer so inne gehabt, als Spinoza.

Ob es schon keine gefährlichern, schwerer zu ertragenden Wunden giebt, als die, welche die Verläumdung schlägt, so hat er doch nie eine Empfindlichkeit gegen die geäußert, die ihm auf solche Art zu schaden suchten. Sehr viele beeiferten sich, seine Schriften durch die entehrendesten Lügen zu verschreyen; er, anstatt sich derselben Waffen gegen sie zu bedienen, begnügte sich nur, die Stellen in das hellste Licht zu setzen, welche man mißdeutete.

Er hatte Bekanntschaft mit dem Pensionär de Witt, welcher die Mathematik von ihm lernen wollte, und ihn oft bey wichtigen Gegenständen um Rath fragte. Allein, so wenig war es ihm um Glücksgüter zu thun, daß, da nach dem Tode dieses Herrn seine Erben Schwierigkeit machten, ihm die Pension fortzuzahlen, die er ihm mit eigenhändiger Unterschrift ausgesetzt hatte, er das Geld ganz gleichgültig in den Händen der Erben ließ, als ob er sonst Kapitalien genug hätte. Dieses uneigennützige Verfahren rührte die Erben; sie gien-

giengen in sich, und gestanden ihm dann mit Freuden zu, was sie ihm verweigert hatten. Und von diesem Gelde lebte Spinoza fast ganz allein; denn sein Vater hatte ihm nichts, als einige verwirrte Geldaffairen hinterlassen, und Spinoza, welcher die Ruhe mehr liebte, als eine ungewisse Hofnung, und mit den Juden nichts zu thun haben wollte, ließ ihnen alles, ohne sich zu bemühen, es ihnen abzustreiten.

Dieser Weltweise that so wenig, um angesehen und bewundert zu werden, daß er noch sterbend verbot, seinen Nahmen vor seine Ethik zu setzen, weil solches Großthun einem Philosophen unanständig wäre.

Sein Ruf war so ausgebreitet, daß er sogar in die Zirkel der Großen drang. Der Prinz Conde, der beym Anfange des letzten Kriegs in Utrecht war, schickte ihm einen Geleitsbrief nebst einem verbindlichen Briefe, worin er ihn einlud, ihn zu besuchen.

Spinoza hatte einen zu feinen Geist, um nicht zu fühlen, was er einem Manne von dem Range Seiner Hoheit schuldig war. Allein während er nach Utrecht reiste, hatte ein königlicher Befehl den Prinzen von da weggerufen, und er ward vom Herrn von Louxemburg in seiner Abwesenheit angenomkommen, und mit allen Höflichkeiten und Beweisen der Gnade seiner Hoheit überhäuft.

Die Menge von Hofleuten, welche sich hier befand, setzte unsern Philosophen in keine Verlegenheit. Er besaß selbst eine Artigkeit, die eher einen Hofmann in ihm vermuthen ließ, als den Einwohner einer Handelsstadt; wie er überhaupt keines von den Lastern und Fehlern seines Geburtsortes an sich hatte. Der Prinz, der ihn gern sehen wollte, ließ ihn oft bitten, er möchte seine Zurückkunft in Utrecht erwarten. Allein, da er endlich schrieb, daß es ihm unmöglich sey, wieder dahin zu kommen, so reiste Spinoza wieder zurück nach Haag.

Er hatte eine Tugend, die man selten bey einem Philosophen findet: Reinlichkeit und Anständigkeit in seiner Kleidung; nichts von Affektation und Pedanterey! Nicht Nachläßigkeit und Schmuz im Aeußern, pflegte er zu sagen, ist das, was uns zu weisen Männern macht; vielmehr ist jene studierte Lüderlichkeit ein Zeichen einer niedrigen Seele, in welcher sich die Weisheit nicht findet, und wo die Wissenschaften nur Unreinigkeit und Verderbniß finden.

Reichthümer reizten ihn nicht nur gar nicht, sondern er fürchtete auch nicht einmal die unangenehmen Folgen seiner Dürftigkeit. Seine Tugend erhob ihn über alles, und, ob ihm schon das Glück eben nicht günstig war, so schmeichelte er ihm dennoch eben so wenig, als er dagegen murrte. Waren seine Vermögensumstände äußerst mäßig, so war sein Geist hingegen überflüßig mit allem begabt, was den großen Mann ausmacht. Er war freygebig, und borgte im Nothfalle seinen Freunden Geld mit einer Großmuth, als ob er der reichste Kapitalist wäre. Einst erfuhr er, daß ein Mann, der ihm 200 fl. schuldig war, banquerout gemacht hatte; weit entfernt, darüber niedergeschlagen zu seyn, sagte er lächelnd: ich muß mich einschränken, um den Verlust wieder zu ersetzen. Um diesen Preis, setzte er hinzu, kauf ich meinen Gleichmuth. — Ich führe diesen Zug nicht als etwas Großes und Glänzendes an; allein, der Geist eines Menschen mahlt sich zuweilen in einer Kleinigkeit am allerbesten. Er war eben so uneigennützig, als es die Devoten, die am meisten gegen ihn schreyen, nicht sind; und ich führe noch ein Beyspiel an, welches ihm eben so viel Ehre macht, als das vorige. Einer seiner vertrautesten Freunde, Simon von Vries, ein reicher Mann, bot ihm ein Geschenk von 2000 fl. an, um ihn in den Stand zu setzen, bequemer zu leben; er schlug es mit seiner gewöhnlichen Feinheit aus,

und

und sagte, er habe es nicht nöthig. In der That war er so enthaltsam und mäßig, daß ihm bey dem Wenigen, was er hatte, dennoch nichts fehlte. Die Natur, sagte er, ist mit Wenigem zufrieden, und wenn sie es nur ist, da bin ich es auch. Er verthat täglich, einen Tag in den andern gerechnet, nicht sechs Sous, und trank monatlich nur eine Pinte Wein.

So uneigennützig er war, so billig war er auch. Derselbe Freund, welcher ihm 2000 fl. anboth, wollte, da er weder Frau noch Kinder hatte, ein Testament machen, und ihn zum Universalerben einsetzen. Er sagte ihm davon; allein Spinoza, anstatt es zuzulassen, stellte ihm in lebhaften Ausdrücken vor, er würde der Billigkeit und selbst der Natur zuwider handeln, wenn er, zum Nachtheile seines Bruders, einen Fremden begünstigte, wenn er ihn auch noch so sehr liebte. Vries ließ sich bewegen, ließ seinem Bruder die Erbschaft unter der Bedingung, dem Philosophen 500 fl. jährlich, so lange er lebte, auszuzahlen. Allein, — welches Beyspiel von Uneigennützigkeit und Mäßigung! — Spinoza fand die Summe zu groß, und vermochte ihn, sie auf 300 fl. zurück zu setzen. Ein schönes

Beyspiel, welches am wenigsten die Geistlichen nachahmen werden.

Da er nie vollkommen gesund war, so hatte er von seiner frühsten Jugend an die Geduld gelernt, und Niemand hat es wohl in dieser Tugend so weit gebracht, als er.

Er suchte nur Trost in sich selbst, und wenn er gegen Schmerz empfindlich war, so war es der seiner Brüder. Der Grundsatz, daß ein Uebel leichter zu ertragen sey, wenn man es mit mehrern gemein hat, war ihm abscheulich, und er glaubte, man könne ihn bey gesundem Verstande nicht annehmen. Dieses mitleidige Herz preßte ihm Thränen aus, da er seine Mitbürger ihren gemeinschaftlichen Vater, de Witt, in Stücken zerreißen sah, und ob er schon wußte, daß der Mensch zu allem fähig ist, so schauderte er doch beym Anblicke dieser Scene. Denn hier sah er auf der einen Seite einen beyspiellosen Vatermord begehn, auf der andern sah er sich eines erhabnen Gönners, der einzigen Stütze beraubt, die ihm übrig war. Doch wußte er sich zu fassen, und da ihm ein Freund sein Entsetzen über diesen schrecklichen Vorfall äußerte, sagte er: Was hülfe uns die Weisheit, wenn wir den Gemüthsbewegungen unter-

unterlägen, wie der Pöbel, und nicht Kraft besäßen, uns selbst zu erheben.

Er ließ sich von keinem Systemgeiste einnehmen, und ließ jedermann seine Freyheit und Vorurtheile. — Faulheit und Anmaaßung, sagte er, sind die größten und gewöhnlichsten Fehler der Menschen. Die Einen schlummern in einer Unwissenheit, die sie unter die Thiere erniedrigt, die Andern erheben sich wie Tyrannen über den Geist der Einfältigen, und bringen ihnen falsche Begriffe als Orakelsprüche auf. Das ist die Ursache der widersinnigen Meynungen, in die sich die Menschen verlieben, das die Ursache der Spaltungen, die sie trennen, das hintertreibt den großen Zweck der Natur, die sie einig wünscht, wie Kinder einer Mutter. Deshalb, sagte er auch, können nur diejenigen die Wahrheit sehen, welche sich von den Vourtheilen ihrer Kindheit losgerissen haben; man muß die Eindrücke der Gewohnheit schwächen, muß die falschen Begriffe vernichten, mit denen man uns anfüllt, ehe wir selbst über die Dinge urtheilen können. Sich aus diesem Labyrinthe glücklich herauszuziehen, war nach ihm ein eben so großes Wunder, als die Anordnung eines Chaos.

Bey diesen Grundsätzen ist es kein Wunder, daß er sein ganzes Leben hindurch mit dem Aberglauben

glauben Krieg führte. Die Richtung dazu hatte er von der Natur bekommen, und die Lehren seines Vaters, eines Mannes von gesundem Verstande, hatten auch viel dazu beygetragen. Er hatte ihn gelehrt, wahre Frömmigkeit von Andächteley zu unterscheiden. — Einst gab er seinem Sohne, der nur zehn Jahr alt war, um ihn zu prüfen, den Auftrag, einiges Geld zu holen, welches ihm eine bejahrte Frau in Amsterdam schuldig war. Da er in ihre Stube trat, las sie in der Bibel, und gab ihm ein Zeichen, zu warten, bis sie ihr Gebet verrichtet haben würde. Der Knabe that es, sagte ihr, da sie fertig war, seine Commission, und die fromme Alte zählte ihm das Geld auf. "Sieh, sprach sie, das bin ich deinem Vater schul„dig; möchtest du auch einmal so ein rechtschaffe„ner Mann werden, wie er; nie ist er vom Gesetz „Mosis gewichen, und der Himmel wird dich nur „segnen, wenn du ihm nachahmst." Da sie das gesagt hatte, nahm sie das Geld, um es in den Beutel des Knabens zu stecken. Allein dieser erinnerte sich, daß die Frau alle Zeichen der falschen Frömmigkeit an sich hatte, von der ihm sein Vater so viel gesagt hatte, ließ sich durch keine Versicherung abhalten, es zu zählen, und fand, daß zwey Dukaten fehlten, die die Betschwester durch eine

aus-

ausdrücklich zu solchem Behufe in dem Tisch gemachte Spalte in einen Schubkasten hatte fallen lassen. Dies bestärkte den Knaben in seinen Ideen, und er machte sich es zum Geschäfte, diese Gattung von Menschen zu beobachten.

Tugend war die Richtschnur aller seiner Handlungen; allein er machte von ihr kein so zurückschreckendes Gemählde, als die Stoiker; er war kein Feind ädler Vergnügungen. Freylich hatten die Genüsse des Geistes den meisten Reiz für ihn, jene des Körpers rührten ihn nur wenig; allein, wenn er sich ihnen Ehren halber nicht entziehen konnte, so machte er sie mit, ohne aus dem Gleichgewichte seiner Ruhe zu kommen.

Allein, was ich am meisten an ihm bewundre, ist, daß er, obwohl er unter einem Volke gebohren und erzogen worden, welches der Sitz jedes Aberglaubens ist, seinen Geist dennoch nicht von demselben anstecken lassen, daß er von jenen Vorurtheilen und Irrthümern frey blieb, von welchen rings um ihn alles eingenommen war.

In seiner Unterhaltung war er so anziehend, daß seine Meynungen sich von selbst einschmeichelten. Er überredete, ohne es zu wollen, ohne geschmückt und zierlich zu sprechen, blos durch die Deutlichkeit und den gesunden Sinn in seinen Ideen.

Diese schönen Talente zogen ihm den Umgang aller Männer von Geist zu, und diese mochten ihn besuchen, wenn sie wollten, so fanden sie ihn immer bey heitrer, angenehmer Laune. Alle stellten sich freylich als seine Freunde; allein die Folge zeigte hinlänglich, daß die Freundschaft der meisten nur Heucheley war. Gerade die, welche ihm am meisten schuldig waren, behandelten ihn am undankbarsten, und verläumdeten ihn, entweder um den Großen zu schmeicheln, die das Genie nur zu gern herabsetzen, oder um selbst berühmt zu werden, indem sie einen großen Mann befeindeten.

Einst erfuhr Spinoza, daß einer seiner größten Bewundrer das Volk und den Magistrat gegen ihn aufwiegle: Das war ja von Alters so, sagte er ohne Gemüthsbewegung, daß die Wahrheit theuer zu stehen kommt; aber die Verläumdung soll mich auch nicht von ihr abziehen.

Unerachtet Spinoza die Ehe keinesweges für ein Hinderniß der Arbeiten des Geistes hielt, so heurathete er doch nicht, entweder weil er die böse Laune eines Weibes fürchtete, oder weil er ganz der Philosophie und dem Studium der Wahrheit leben wollte.

Die Schwäche seiner Konstitution, seine häufigen Arbeiten und Nachtwachen zogen ihm ein schleichendes Fieber zu, und er starb schon in der Mitte seiner Laufbahn, in einem Alter von fünf und vierzig Jahren.

Er war von mittelmäßiger Statur; seine Gesichtszüge waren regelmäßig, und seine Haut sehr braun. Er hatte eine angenehme Physiognomie, kleine schwarze Augen, und schwarzes gekräuseltes Haar. Sein air war portugiesisch.*)

Sein Geist war groß und tief eindringend; seine Laune überaus gefällig. Sein Scherz war so geschmackvoll, daß die feinsten und ernsthaftesten Männer sich daran vergnügten.

*) Vor Colers Leben Spinoza's steht sein Bildniß. Sein Gesicht bezeichnet einen starken Tiefsinn, in seinen Augen besonders herrscht eine redliche Offenheit und ein unerschütterter Muth, und sein Mund deutet eine angenehme Bescheidenheit an. Ein feiner Anstrich von Schwermuth schwebt über dem Ganzen. — Inspirirte Physiognomiker müssen es gewesen seyn, die in seinem Gesichte ein Merkmal der Verwerfung entdeckt haben. (S. die Menagiana Amstelod. 1695.) Unter dem Bildnisse beym Coler steht ausdrücklich: characterem reprobationis in vultu gerens.

Seine Tage waren kurz; allein, man muß gestehen, daß er viel gelebt hat, wenn man bedenkt, in wie vollem Maaße er sich die wahrhaften Güter des Lebens, die Güter der Tugend, erworben hat, und zu welchem ausgebreiteten Ruhme er durch seine tiefe Wissenschaft gelangt ist. Er starb, da sein Ruhm den höchsten Grad erreicht hatte, ohne ihn von irgend einer Seite besleckt zu haben. Freylich erlebte er die glückliche Katastrophe seines Vaterlandes nicht, wo die Herren Generalstaaten wieder in den Besitz ihrer fast verlohrnen Regierung kamen; allein er entgieng auch mit seinem Tode einem Ungewitter, welches seine Feinde ihm bereiteten. Sie hatten ihn beym Volke verhaßt zu machen gewußt, weil er den Unterschied von Heuchelen und wahrer Frömmigkeit gelehrt hatte.

Unser Philosoph ist also sehr glücklich zu preisen, nicht allein wegen der Ehre, die er sich durch sein Leben erworben hat, sondern auch durch die Umstände seines Todes. Wie wir es von Leuten wissen, die zugegen waren, hat er ihm unerschüttert entgegen gesehn, als ob es ihm sehr leicht gewesen wäre, sich für seine Feinde aufzuopfern,

opfern, damit sie ihr Gedächtniß nicht mit seiner Ermordung befleckten.*)

Wir,

---

*) Diese Worte sind überaus zweydeutig. Auch Boullainvilliers führt sie an, (Vie de Spinoza, 145.) und setzt hinzu: ne conclurait-on pas de ces paroles, que sa mort n'a pas eté tout a fait naturelle? Allein, so wie man überhaupt von den Ursachen, weswegen man ihn dem Volke verhaßt gemacht haben soll, und von dem ihm deshalb bevorstehenden Schicksale keine bestimmten Nachrichten hat; so kann auch Niemand einen Umstand auffinden, welcher die Natürlichkeit seines Todes bezweifeln ließe. Was auch seine Feinde davon verbreitet haben, daß er bey seinem Tode Niemand gegenwärtig zu seyn erlaubt; daß er gesagt habe: Gott sey mir Sünder gnädig; daß ihm beym Nahmen Gottes ein Seufzer entgangen sey; daß er Alraunwurz geführt habe, u. s. w. so haben doch alle seine redlichen Gegner bekannt, daß alles dieses nichts als Lüge sey. „J'ai recherché, sagt der Graf Boullain„villiers, soigneusement la vérité de tous ces faits, „& demandé plusieurs fois à son Hôte & à son Ho„tesse, qui vivent encore a present, ce qu'ils en sça„vaient; mais ils m'ont répondu constamment l'un „& l'autre, qu'il n'en avaient pas la moindre con„naissance, & qu' ils étaient persuadés, que toutes „ces particularités étaient autant de mensonges. Car „jamais il ne leur a defendu d'admettre qui que ce „fût qui souhaitât de le voir. D'ailleurs, lorsque „sa fin approcha, il n' y avait dans sa chambre que
„le

Wir, die wir noch leben, die seine Schriften gebildet haben, die sein Beyspiel auf dem Pfade der

„le seul Medecin d'Amsterdam, que j'ai désigné.
„Personne n'a ouï les paroles, qu'on prétend qu'il
„a proférées: *O Dieu, aye pitié de moi misérable pé-*
„*cheur*; & il n'y a d'apparence non plus qu'elles
„soient sorties de sa bouche, puisqu'il ne se croyait
„pas si près de sa fin; & ceux du logis n'en avaient
„par la moindre pensée. Et il ne gardait point le
„lit pendant sa maladie; car le matin même du jour,
„qu'il expira, il était encore descendu de sa cham-
„bre en bas. Qu'il ait chargé son Hotesse de ren-
„voyer les Ministres qui pourraient se presenter, ou
„qu'il ait invoqué le nom de dieu pendant sa mala-
„die, c'est ce, que ni elle, ni ceux du logis n'ont
„ouï, & dont ils n'ont nulle connaissance. Ce qui
„leur persuade le contraire, c'est que depuis qu'il
„était tombé en langueur, il avait toujours marqué,
„dans les maux qu'il souffrait, une fermeté vraye-
„ment Stoique, jusqu'a reprimander les autres lui-
„même, lorsqu'il leur arrivait de se plaindre & de
„témoigner dans leurs maladies peu de courage ou
„trop de sensibilité. Enfin, à l'égard du suc de Man-
„dragore, dont on dit qu'il usa étant à l'extrémité,
„ce qui lui fit perdre toute connaissance; c'est encore
„une particularité entiérement inconnue à ceux du
„logis: Et cependant c'etait eux qui lui preparaient
„tout ce dont il avait besoin pour la nourriture, aussi-
„bien que les remedes qu'il prenoit de tems en tems.
„Il

der Wahrheit aufmunterte, wir sind zu beklagen, da er nun nicht mehr ist. Laßt uns in seine Fußtapfen treten, und ihn wenigstens durch Bewundrung und Lob verehren, wenn wir ihm nicht gleich kommen können. Er wird im Gedächtnisse aller wahren Weisen, und in ihren Schriften, leben, welche der Tempel der Unsterblichkeit sind. *)

„Il n'est pas non plus fait mention de cette drogue „dans le memoire de l'apothicaire, qui pourtant fut „le même, chez qui le Medecin de la ville d'Amster„dam envoya prendre les remedes, dont Spinosa eut „besoin les derniers jours de sa vie." — Die Stelle des Manuskripts erkläre ich mir so: er starb so unerschrocken, daß man muthmaßen konnte, es würde ihm im Falle der Noth leicht gewesen seyn, sich durch Selbstmord für seine Feinde aufzuopfern, um sie auf diese Art zu verhindern, ihren Nahmen durch seine Ermordung zu beflecken. Genauigkeit im Schreiben ist eben nicht die Sache des Verfassers davon, er ist in seinen Ideen nicht selten sehr schielend. — Dann, wozu hätte er einen so dunkeln Wink geben sollen? lieber würde er ganz geschwiegen haben; und da er zumal kurz vorher den Spinoza eines natürlichen Todes sterben lassen, so hätte er sich auf die lächerlichste Weise widersprechen.

*) Von den Schriften Spinozas und denen seiner Anhänger und Gegner s. Baile im Wörterbuche unter dem N. Spinoza, und Boullainvilliers im Leben Spinozas vor seiner refutation des erreurs de Spinoza, S. 86-134.

Eben

Eben jetzt erhalte ich ein Buch, Supiroth Sopim betitelt, welches unter der Auffchrift: Rom, in diesem Jahre herausgekommen ist. Dieses Buch ist nichts anders, als der in meinem Manuscripte befindliche Esprit de Spinoza etc. und es ist lächerlich, wenn es der Herausgeber für das berüchtigte Werk de tribus impostoribus hält, da doch in demselben Stellen aus Spinoza wörtlich angeführt werden. Wie ich schon gesagt habe, so betrifft der kleinste Theil davon Metaphysik; und die Meynungen des Verfassers kommen auch hier nur selten mit dem wahren Spinozismus zusammen. Der Herausgeber davon hätte überhaupt besser gethan, diesen Schatz für sich zu behalten, welcher wenigstens für keinen Menschen nützlich seyn kann, wenn er nicht gar für viele verderblich ist.

Einleitungsgespräch

über die

Abhängigkeit des Menschen,

über

Deismus, Pantheismus und Atheismus.

Multum confert huius doctrinae cognitio ad vsum vitae, quatenus docet nos ex solo dei nutu agere, diuinaeque naturae esse participes, et ❋ magis, quo perfectiores actiones agimus, et quo magis magisque deum intelligimus.

SPINOZA Eth. P. II. Schol. Prop. XLIX. pag. 91.

Vom Anbruche des Tages an hatte Xenophanes, versunken in tiefem Nachdenken über Welt, Natur und Gottheit, auf seinem einsamen Zimmer gesessen. Er war einer von den Wenigen, die ein inniges Interesse an philosophischen Untersuchungen nehmen, und die ein immer reger Trieb anspornt, selbst diejenigen Gegenstände erforschen zu wollen, über welche die Natur eine undurchdringliche Hülle gebreitet hat; er fand im Denken selbst Befriedigung, und wenn er auch den ganzen Tag in seiner Erkenntniß nicht um einen Schritt fortgerückt war, so war es ihm dennoch am Abend eine Wollust, die Ideenreihen zu übersehn, die er durch seine Kräfte entwickelt, oder zusammengesetzt hatte. Jetzt neigte sich der Tag; er verließ sein Zimmer, um seinem Geiste durch den Anblick der schönen Natur eine Erholung zu geben, und zu versuchen, wie sich die abgezogenen Ideen, welche er aneinander gereiht hatte, gegen das Gefühl der Wirklichkeit und die lebendige Anschauung der Welt verhalten möchten. Er eilte einer Anhöhe zu, von welcher er die ganze schöne Gegend übersehn konnte, und hatte schon eine ziemliche Höhe erstiegen, als er unter einer Eiche, die sich auf dem Gipfel befand, Jemanden gewahr ward, in einer Stellung, welche auf tiefe Betrachtung schliessen ließ. Xenophanes war schon mit sich selbst streitig, ob er den Weg vollenden und den einsamen Denker stöhren, oder nicht vielmehr zurückgehn sollte; als er in ihm seinen Freund Parmenides erkannte, einen jungen Mann, welcher bey einem feurigen Enthusiasmus für die schönen Künste, auch viel Neigung zur spekulativen Philosophie besaß, und mit welchen er sich eben deswegen so gern unterhielt, weil die Mannigfaltigkeit seiner Talente ihn vor Einseitigkeit in Urtheilen, dem gewöhnlichen Fehler der Philosophen, schützte. Er eilte ihm mit verdoppelten Schritten zu, und traf ihn, eine Zeichnung und ein Gedicht vor sich liegend, in einem Zustande des Staunens und des Entzückens.

„Ge-

„Gewiß, so redete er ihn an, ſtöhre ich meinen Parmenides im Augenblicke einer Schöpfung ſeiner Phantaſie?

Parmenides.

Nein, Xenophanes, die Schöpfungen ſind vollendet; du kommſt gerade recht zum Mitgenuſſe, wenn auch nicht der Schönheiten meiner Werke, doch gewiß der Empfindungen meines Herzens. Nie war ich ſo offen für jeden Reiz der ſchönen Natur, nie ſpiegelten ſich ihre Geſtalten ſo ausgemahlt und lebendig in meiner Seele, als heute. Sieh da! die ganze ſchöne Landſchaft auf dieſem Blatte! In der Vertiefung des Thals dort habe ich eine Schäferszene angebracht; und auf jenem öden Anger dort verſchiedene Grabmäler, die eine gewiſſe Melancholie über die lachende Gegend verbreiten. — Die Zeichnung war hingeworfen, und ich war ſo voll von den Erſcheinungen, die auf mich zugeſtrömt waren, daß der Zeichner noch zum Dichter ward; ich ſchloß mit dieſer Hymne auf die Natur. — — — O, wie beglücken uns die Künſte, mein Theurer, wie beſchämen ſie jene düſtre Philoſophie, die uns Wahrheit und ächten Genuß vorſpiegelt, und die Betrognen dann von dem wahren Standpunkte der Menſchheit abführt, die ſich mit überirrdiſcher Weisheit brüſtet, und sich doch in jedem Augenblicke von dem alltäglichsten Gefühle des gesunden Menschensinnes Lügen strafen lassen muß.

Xenophanes.

Daß du doch nie die Künste anders, denn auf Kosten der Philosophie loben kannst, welcher du dessenungeachtet gewiß deine Dankbarkeit nie versagen wirst.

Parmenides.

Ich gesteh' es, ich bin ihr viel schuldig, und würde eben den Enthusiasmus für sie fühlen, welchen ich für die Künste fühle, wenn nur nicht ihre spekulativen Wahrheiten beständig im Widerstreite mit dem gesunden Menschensinne wären, und Erfahrung allaugenblicklich ihre heiligsten Orakelsprüche lächerlich machte. Jetzt sollte z. B. einer kommen, und mir demonstriren wollen, der Mensch bestehe nicht für sich selbst, sey nicht frey, wirke nicht nach Absicht, und wie die grotesken Träume alle heißen — mit dieser Zeichnung und mit diesem Gedichte wollte ich ihn zum Schweigen bringen, ohne mich selbst weiter in spekulative Gründe einzulassen. — — Du lächelst; willst du etwa den Versuch machen?

Xeno-

Xenophanes.

Die Erwartungen des Mahlers von seinen Bildern und des Dichters von seinen Gedichten sind freylich unbegränzt; allein die Selbstständigkeit und Selbstwirksamkeit des Menschen durch eine Zeichnung und ein Gedicht erweisen zu wollen, — das reizt in der That zum Versuche. Wenigstens wäre der Erweiß völlig neu und unerhört.

Parmenides.

Immerhin neu und unerhört. Kurz, ich getraue mir ihn zu führen, wenn du Lust hast, ihn zu hören.

Xenophanes.

Meine Neugier ist überaus gespannt; denn eben habe ich meine Untersuchung über diesen Gegenstand völlig abgeschlossen, und mich auf immer von der Wahrheit überzeugt, daß der Mensch unaufhörlich leidet, nicht den kleinen Finger selbst in die Höhe hebt, und kein Wort durch seine Willkühr ausspricht. — Doch ich verschließe mein Ohr der Wahrheit nie: belehre mich eines bessern, wenn du kannst.

Parmenides.

Der Versuch soll mir nicht fehl schlagen. — Zweyerley gebe ich dir gleich anfangs zu: 1) daß ich meine Natur und meine Kräfte nicht mir selbst, sondern

sondern irgend einem Etwas schuldig bin, über dessen Beschaffenheit wir hier nicht zu entscheiden brauchen. 2) Daß die erste Veranlassung, die erste Idee zu beyden Werken sich mir von selbst darboth, und ich sie nur leidentlich aufzunehmen brauchte. In diesen beyden Rücksichten bin ich abhängig, ein Spiel fremder Kräfte, ein Sklav, wie du es nennen willst. Ja, ich verschenke noch mehr, daß es nicht auf mich ankam, mir beyde Ideen als interessant zu denken, sondern daß sie sich mir angenehm machten, ohne daß ich selbst etwas dazu beytrug. Aber nun auch nicht den kleinsten Schritt zurück. Sobald ich den Stoff zu meinem Werke hatte, so stellte ich mir seine Ausführung zum Zwecke vor, ich spannte meine Organe schärfer, um die Züge des Ganzen, welches vor mir lag, mit seinen flüchtigsten Feinheiten zu erhaschen, ich stufte die Größe der Bilder meiner Phantasie nach den Gesetzen der Meßkunst ab, verstreute Lichter und Schatten, dichtete dort eine Schäfergruppe, dort Grabmäler hin, regte meine Glieder an, brachte sie in die zum Zeichnen nöthige Disposition, regierte jeden Strich, den sie thaten, und bildete auf diese Weise meine Zeichnung nach meinem Zwecke, mit völliger Willkühr, und freyem Gebrauche meiner Kräfte.

Nicht.

Nicht anders beym Gedichte. Daß mich die Schönheit der Natur so außerordentlich entzückte, war nicht Sache meiner Willkühr, das gebe ich gern zu, war Folge einer Empfindsamkeit, die ich nicht von mir selbst habe, und der besondern für Gefühl empfänglichen Stimmung meines Wesens in diesem Augenblicke; allein da ich nun diese Empfindung hatte, nun kam es auf mich an, ob ich sie verschönern und darstellen wollte, oder nicht; ich wählte das erste, gab mir selbst den Endzweck dichterischer Komposition, verband ihm zu Folge Idee mit Idee, suchte mir Bilder und Gleichnisse, und bediente mich nach meinem Gefühle und meinen Absichten der Wörter und Redensarten. Das alles that ich doch wohl nur, ich selbstständiges freyes Wesen, und that es nach meiner Willkühr?

Xenophanes.

Der Beweiß ist in der That so reichhaltig, daß ich nicht weiß, an welchem Gliede ich meine Kraft versuchen soll, und gern will ich mich von einer Wahrheit überzeugen lassen, die meinem Triebe nach Wirksamkeit so sehr schmeichelt, wenn du mich nur in einem Punkte befriedigen kannst;

Parmenides.

Und in welchem?

Xenophanes.

Wenn du mir von allen jenen Aeußerungen deiner Kraft Rechenschaft ablegen, und mir erklären kannst, wie du jene Thätigkeiten verrichtetest. Du stelltest dir die Ausführung deines Werks zum Zwecke vor; wie machtest du das? wie fiengst du es an, dir vorzustellen, daß durch deine Kräfte ein gewisses Werk vollendet werden könne, und deine Kräfte so zu postiren, und in ihrem Spiele zu lenken, daß sie auf deine Absicht hinwirkten? — Was für eine Veränderung brachtest du deinen Organen bey, da du sie zu einem schärfern Auffassen der Gestalten anstrengtest? wie verfuhrst du, indem du den großen Umfang der Landschaft in deiner Phantasie zu einem so kleinen Räumchen verengtest, und durch Zusammensetzung einzelner kleiner Striche ein proportionirtes Ganzes bildetest, nach was für einen Muster vertheiltest du Lichter und Schatten, wo nahmst du die Idee der Schäfergruppe und jene der Denkmäler her, und endlich, wie verfuhrst du, da du deine Hand und deine Finger, deinem Endzwecke gemäß, zum Zeichnen richtetest und führtest?

Parmenides.

Verlangst du im Ernst, daß ich diese scherzhaften Fragen beantworten soll?

Xenophanes.

Mir ist es um nichts weniger, als um Scherz zu thun. Nur die kleinste unbedeutendeste von allen jenen Fragen erkläre mir, und ich gestehe die deine Selbstwirksamkeit zu; z. B. nur so viel lehre mich, wie du es machtest, daß deine Finger zeichneten?

Parmenides.

Hatt' ich denn meinen Zweck nicht vor mir, nicht die Vorstellung von allen Thätigkeiten, die zu jedem Striche erfordert werden, und die eigene Kraft, diesen Vorstellungen gemäß auf meine Organe zu wirken?

Xenophanes.

Und, wie übtest du denn diese Kraft aus? Was für einen Zusammenhang hat denn deine Vorstellung mit deinen Fingern, daß diese gerade das ausüben, was jene ihnen vorspiegelt? Eine Vorstellung — und ein Finger — zwey Dinge die ganz heterogen sind! Wie kann eines das andre in Bewegung setzen, und zwar in eine so abgemessene Bewegung, daß die Wirkungen des einen dem andern völlig entsprechen? Wo faßt die Vorstellung den Finger? Und wie mag der Finger die Wirkung der Vorstellung aufnehmen?

Par-

Parmenides.

Freylich unbegreiflich, wenn man die vermittelnde Feder wegläßt — den Willen; dieser knüpft das Band zwischen Vorstellung und Finger.

Xenophanes.

Nun, so werd ich fragen dürfen, was denn dieser Wille ist?

Parmenides.

Vermögen meine Kraft nach einem Zwecke zu richten, um in Handlung überzugehn.

Xenophanes.

Die Vorstellung des Zwecks ist also außer dem Willen?

Parmenides.

Nicht anders.

Xenophanes.

Der Wille also bloß Vermögen die Kraft zu richten, um in Handlung überzugehen, — an sich etwas ganz vages und unbestimmtes, das ohne Hinzukunft eines andern sich eben so wohl nach Osten als nach Süden kehren kann. — Wie bestimmt nun aber die Vorstellung dieses an sich unentschiedene Wesen? Wie macht es die Vorstellung, daß es ihr zu Folge genau so und nicht anders wirkt? Und

Und wie kann denn der Wille den Finger so richtig nach dem Zwecke regieren?

Parmenides.

Erinnerst du dich auch dessen, was ich gleich anfangs zugab, daß ich meine bestimmte Natur nicht von mir selbst habe? Ich gestehe dir zu, daß die Beschaffenheit meines Wesens nicht von mir selbst abhängt; ich besitze ein Gewehr, welches ich nicht gemacht habe, und von dessen Struktur ich euch keine Rechenschaft geben kann, allein nichts destoweniger kann ich doch dieses Gewehr nach meinen Absichten mit freyer Willkühr gebrauchen.

Xenophanes.

Ein Gleichnis, welches mich vergnügen, aber nicht blenden kann. Ueberhaupt kannst du mir die kleine Grille verzeihen, alle Gleichnisse zu verbitten, die sich auf willkührliche Handlungen der Menschen gründen. Es kann kein Fall deutlicher und einleuchtender seyn, als der, welchen wir eben vor uns haben. — Du glaubst dich zu retten, indem du mir zugiebst, daß du dein bestimmtes Wesen nicht von dir selbst hast, und zugleich behauptest, daß du nichts destoweniger in dem Gebrauche derer einmahl als Eigenthum erhaltenen Kräfte selbst wirkest. Ich bleibe bey meiner

meiner Frage: wie wirkst du denn? Sonderbar wäre es, selbst zu wirken, und zwar auf einen Zweck hinzuwirken, und doch nicht angeben zu können, wie man wirkt. Sollte es möglich seyn, daß du mit freyer Willkühr an einen Ort reistest, ohne den Weg sagen zu können, welchen du nahmst? Du giebst vor, durch die Vorstellung eines Zweckes deine Finger auf eine gewisse Art selbst bewegen zu können. Nun ist doch zwischen der Vorstellung und der Bewegung des Gliedes ein Zeitraum, in welchem die letztere bewirkt wird, wo die Kraft der Vorstellung und des eigenen Willens in den Finger übergeht; wenn du nun hier das handelnde Wesen bist, wenn du den Einfluß der Vorstellung auf das Glied verursachst, so kann ich mit Recht fragen, wie du bey diesem Geschäfte verfährst. Denn wenn du dieses nicht weißt, so muß entweder der Finger selbst wirken, ohne dein Zuthun, oder irgend etwas, welches von dir ganz unabhängig ist.

Parmenides.

Sonach handle ich wohl bey der absichtlichen Bewegung meiner Finger nicht mehr nach Willkühr, als bey dem Umlaufe meines Blutes, und der ganze Unterschied willkührlicher und unwillkührführlicher Veränderungen ist blos in der Einbildung?

Xenophanes.

Keinesweges. Nur liegt der Unterschied nicht in der Willkühr, als Bestimmung der Handlungskraft, sondern in dem mehr oder weniger hellen und deutlichen Bewußtseyn, welches du von jeder Art deiner Veränderungen hast, und der Vorspiegelung derselben durch Idee. Die Benennung der willkührlichen und unwillkührlichen ist das πρωτον ψευδος; in Rücksicht auf das, was du durch deine Willkühr dabey thust, sind beyde Arten nur eine und dieselbe; du thust (durch dein Wollen) nichts, weder beym Umlaufe deines Blutes, noch beym Bewegen deiner Finger.

Parmenides.

Wahrscheinlich also auch nichts beym Gehn meiner Füße?

Xenophanes.

Mir zu Gefallen sollst du alles dabey thun, wenn du mir nur sagen kannst, wie du es machst, daß du einer vorher gegangenen Vorstellung des Geistes zu Folge, deine Füße bewegst, und zwar so abgemessen und zweckmäßig bewegst? Denn das kannst du nicht verlangen, die Ehre einer Hand-

Handlung davon zu tragen, von der du nicht weißt, wie sie entsteht.

Parmenides.

Sonderbar, wie man durch Sophistereien in Verwirrung gesetzt werden kann. Bald werde ich anfangen zu zweifeln, ob ich allein gehe, oder von jemand geführt werde. — Laß es uns auf einer andern Seite versuchen, bey einem Geschäfte, wo der Geist ganz allein zu wirken scheint. Ich verfertigte ein Gedicht. Veranlassung und Idee dazu war nicht mein, das gebe ich dir zu, wie schon gesagt. Aber alles, was geschah, nachdem ich mir die Ausführung davon zum Zwecke vorgestellt hatte, ward durch meine eigene Selbstthätigkeit, durch dieses ich, welches wollte, und zwar deswegen nur, weil es wollte, vollbracht. Ich wählte von der ganzen Menge meiner Ideen diejenigen heraus, die auf meine Empfindung eine Beziehung hatten, und verband sie damit, ich suchte mir Bilder und Gleichnisse, welche zu lebhafter Bezeichnung derselben die passendesten waren, und drückte sie mit den richtigsten bedeutendesten Wörtern aus. — Um hier die willkührliche Selbstthätigkeit des Menschen zu verkennen, müßte man seine Augen muthwillig verschließen;

Xenophanes.

Oder mit offenen Augen nichts sehn, weil nichts da ist. Du wählst, behauptest du, als Dichter Ideen und Bilder, die zu deinem Zwecke passen; nun so zeige mir doch, wo befinden sich denn deine Ideen und Bilder, daß du sie so unfehlbar greifen kannst? wo nahmst du z. B. die Idee einer Mutter her, womit du die Natur verglichest?

Parmenides.

Ich soll dir doch nicht etwa Fächer angeben, wo meine Vorstellungen liegen, und dir einen Fleck zeigen, wo man sie mit Fingern greifen kann? Das hieße Ideen zu sehr verkörpern.

Xenophanes.

Mein Freund, wir, die wir uns vorstellen und denken, stellen uns vor, und denken alles im Raume, unsern Geist selbst müssen wir in einem Punkte des Raums denken, und er wird dadurch gar nicht verkörpert; denn so wie wir überhaupt die Dinge nur als Vorstellungen von uns kennen, so ist auch der Raum blos eine Idee unsers Geistes. Irgendwo außer deinem jetzigen Bewußtseyn müssen doch die Ideen und Bilder, oder wenigstens der Stoff zu den Ideen und Bildern seyn, die du dir jetzt nicht vorstellst, und um sie absichtlich hervorzuziehn, mußt du doch dieses Irgendwo kennen. Du beschließest in deinem Gedächtnisse eine zahllose Menge von sinnlichen Bildern, Vorstellungen von Verhältnissen, Beschaffenheiten, Vernunftbegriffen, und in jedem Momente deines Daseyns bist du allezeit mit einer Vorstellung, einem Empfindniß, einem Bestreben beschäftigt. Allein du glaubst, du könnest in jedem Augenblicke nach deinem Belieben Ideen und Bilder hervorziehn, nach Einsicht ihrer Uebereinstimmung mit deinem Zwecke; ja es scheint auch wirklich, als ob du dieses könntest; so z. B. da du die Natur dachtest, erwecktest du vorsätzlich das Bild einer Mutter, erwecktest es deshalb, weil es mit der Vorstellung der Natur Aehnlichkeit hat; ich frage dich also nur so viel: woher nahmst du dieses Bild? Wie machtest du es, daß es erschien, da es doch vorher nicht da war? Wenn du es selbst hervorzogst, so mußt du diese Frage beantworten können; wo nicht, so hat dir irgend etwas, das auf dich einwirkt, oder mit dir zugleich wirkt, das Bild zugespielt. Also erkläre das **Wie**, oder — gieb zu!

Parmenides.

Das Wie ist genug erklärt, wenn ich dir sage, daß alles dieses durch eine gewisse Fertigkeit geschieht, von welcher ich freylich weiter keine

Rechen

Rechenschaft geben kann, bey der ich aber doch allein das durch Willen handelnde Wesen bin.

Xenophanes.

So mußt du mir doch sagen können, wie du bey diesen Thätigkeiten verfuhrst, ehe sie in Fertigkeit übergiengen, und wie du es anfiengst, daß diese Fertigkeit entstand, die dir jetzt so ungemein viel nützt. Denn, wenn du sie dir nicht selbst erworben hast, so ist deine völlige Abhängigkeit offenbar.

Parmenides.

Du könntest einen durch Fragen von Sinnen bringen. Freylich, wenn ich bis ins Unendliche fort nach Wie und Warum frage, so stoße ich überall auf Räthsel und Unerklärbarkeiten. Irgendwo muß der Mensch allezeit stehen bleiben.

Xenophanes.

Bekenne nur, was jeder denkende Mensch ohne sich herabzusetzen, bekennen kann: daß du selbst nie handelst. Bekenne, daß dieses dein Gedicht nicht das Werk deines Willens ist, sondern einen ganz fremden Verfasser hat, der dir die Hände führte. Auch siehst du gewiß den Widersinn ein, welcher erfolgen würde, wenn du behaupten wolltest, du selbst zögest Ideen hervor, nach der Einsicht ihrer Aehnlichkeit und Verwandschaft mit der, welche du eben jetzt vor dir hast. Denn woran in aller Welt könntest du diese Aehnlichkeit und Verwandschaft sehen, ehe die Idee da ist, wie könntest du eine Vorstellung beobachten und vergleichen, (und ohne dieses kannst du doch wohl nicht über ihre Beziehung auf andre urtheilen;) ehe sie wirklich vorgestellt wird? — ein offenbarer Zirkel, der die Krankheit des auf seine Gesundheit so stolzen Menschenverstandes und die Uebermacht der Spekulation deutlich genug beweißt. — Nein, brüste dich nicht mit Thaten, die du nicht vollbrachtest; du bewegst kein Glied deines Körpers selbst, rufst keine Idee selbst hervor, rufst deinen Diener nicht selbst beym Namen, sondern irgend etwas außer dir macht dich fähig alles dieses zu thun. — Du scheinst in Verwirrung gerathen zu seyn? — Es ist auch in der That etwas schauerliches, zu denken, daß der Mensch eigentlich nie selbst wirkt, sondern immer nur Organ einer fremden Macht ist, die er nicht sieht und nicht kennt, daß diese ihm Ideen zuführt und wieder entreißt, diese seine Glieder anregt und lenkt, diese ihn fortbewegt durch die verschiedenen Punkte des Raums. Und man kann es dem Dichter, dessen Beruf es nicht ist, in das Innre der Dinge zu dringen, am allerwenigsten verdenken,

ken, wenn er der Wahrheit zum Trotze seine Freiheit mit der blindesten Wuth lyrischer Begeisterung vertheidigt *).

Die Freyheit des Menschen.

Ha, so wär's denn? Sklaven einer Kette
Vom Polypen in des Stromes Bette
   Bis zum freisten Denker wären wir?
All' geschmiedet in die Eisenringe,
Seit die Zeit die nimmer müde Schwinge
   Ueber Gottes junge Erd' erhob? —

Ja, die Hülle sinkt vor meinem Blicke;
Vor mir liegt die Kette der Geschicke,
   Eine schreckliche Unendlichkeit;
Wie vom Blitz geknickt des Baumes Wipfel
Sinkt mein Stolz von seiner Höhe Gipfel
   Hin zum Staub', in dem der Wurm sich krümmt. —

*) Diese Ode, welche schon vor mehrern Jahren in den Denkwürdigkeiten des Herrn Prof. Eßar abgedruckt worden ist, steht, dünkt mir, hier nicht am unrechten Orte.

Nichts denn mein von meines Lebens Thaten?
Mein kein Tritt von dieser Reise Pfaden?
  Und kein Trieb des Herzens also mein?
Mehr ich nicht, denn eine stumme Pflanze,
Die dem Schnitter zu dem Aerndtekranze
  Unbewußt die schöne Blüte beut?

Bubenthorheit meiner blinden Jugend,
Wenn ich brennend dürstete nach Tugend
  Und nach großer heißer Sympathie,
Wenn entflammt vom schwärmrischen Verlangen,
Seine Erde liebend zu umfangen,
  Feurig dieses Herz im Busen schlug.

Knabentraum, wenn dieser Hütt' entronnen,
Ich im Geiste schon zu fernen Sonnen
  Meinen schönen Siegesflug begann,
Wenn ich dann mit friedlichem Gewissen,
Rein genug die Gottheit zu begrüssen,
  Hohes Muths zum Throne wandelte.

So

So verzeih denn dem gestürzten Gotte,
Schwester Milbe, der mit bittern Spotte
    Einst von seinem Throne zu dir sah!
Zürne nicht dem Bruder, kleine Mücke,
Daß er einst mit der Verachtung Blicke
    Dich um seine Schläfe tanzen sah!

Nicht mehr will ich deinen Schatten hassen,
Mann, von dem die giergen Raben praßen,
    Rings gelagert um das grause Rad;
Trieb dich doch der Räderschwung der Dinge,
Riß dich doch in deinem Eisenringe,
    Armer, eine fremde Laune fort.

Zittert, Frevler nicht vor eurem Lohne!
Wandelt freyes Blicks zu Gottes Throne,
    Mit des Aedlen Schatten einen Pfad!
Tretet vor ihn, alle seine Puppen,
Und gesellt euch, wunderbare Gruppen,
    Horia und Guelfe Leopold!

B 4   Und

Und so reiche denn nach ew'geur Zürnen,
Lieblichste von Gottes schönsten Dirnen,.
　　　Du dem Laster, Tugend, deine Hand!
Laß Religion die nichtge Grille,
Komm und trau in eines Tempels Stille
　　　Ohne Weigern das versöhnte Paar.

Fahre wohl, du labender Gedanke,
Der, wie ihren Stab die junge Ranke,
　　　Meine Seele fest und treu umschlang!
Hingebleicht ist deine schöne Blüthe,
Die so jugendlich gen Himmel glühte,
　　　All dein Reiz ist hin, Unsterblichkeit!

Ewges Daseyn, nimmer loß vom Zwange,.
Stets gequält vom regen Freiheitsbrange
　　　Und Gefühle seiner Thatenkraft;
O Entsetzen! Ewigkeit in Ketten!
Ha, Vernichtung, du du kannst mich retten
　　　Vor der gränzenlosen Sklaverey.

Wer erstaunt noch ob der schönen Erde?
Nur ein Uhrwerk schlug das mächtge: Werde!
  Aus dem todten Weltenstoff hervor.
Starre Puppen ziehen seine Bande,
Wo er hinwinkt. Weltenbilder, Schande!
  Kettenzwang ist deine Harmonie.

Und doch horch! des Elends grause Stimmen!
Sieh die Myriaden, die sich krümmen
  Unter ihrer Schmerzen ewger Quaal;
Tausend schwelgen bey des Lebens Mahlen,
Tausend, Tausend flehn bey leeren Schalen
  Um den Retter in die Rasengruft. — —

Denkerin, halt ein! Die Glieder beben
Deinem Schüler; Schrecken Gottes schweben
  Fürchterlich um deine Wohnung her;
Halt, Verwogne, deine Worte Dolche!
Lästre Gott nicht! Denkerin, ich folge
  Nimmer dir auf diesem Frevelpfad.

Nein, nicht also; los vom blinden Wahne
Seh ich, Freyheit, deine stolze Fahne
　　Vor der Menschheit großem Tempel wehn.
Heil! Gerettet aus des Truges Irren
Hör ich um mich keine Ketten klirren,
Rufe siegend: Seele, du bist frey!

Wie aus schreckenvollem Nachtgesichte
Aufgelockt vom sanften Morgenlichte
　　Sieht mein Auge heiter um sich her;
Sey gegrüßt mir, Welt, in deiner Schöne!
Sey gegrüßt mir wieder, freyer Söhne,
　　Freyer Töchter Vater, nicht Tyrann!

Mußten Ketten deine Plane halten,
O, so konntst du leichter dir aus kalten
　　Felsen deine Menschenwesen baun;
Gottheit brauchte nicht in uns zu lodern
Eine Weile daseyn, dann vermodern,
　　War des seelenlosen Menschen Ziel.

Lenk' am Seil mechanisch todte Puppen!
Und sie kämpfen — wunderkühne Truppen! —
    Wie Leonidas für's Vaterland.
Leite sie an feingeschlungnen Ketten
In des Stromes Höhe, und sie retten
    Muthig, wie der deutsche Leopold.

Aber nein! im größten aller Staaten
Sollte jeder Bürger seiner Thaten
    Schöpfer und Vollender selber seyn;
Durch der Wege tausendfache Krümmen
Sollten alle jenen Fels erklimmen,
    Wo die Palme der Vollendung weht.

Jedem gab er Kraft zu seiner Reise,
Und zur Dauer auf dem rauhen Gleise
    Zeigt er ihm das ferne große Ziel.
Zittre, Wandrer, nicht vor einem Falle!
Dort am Ziele treffen sie sich alle,
    Der Gefallne und der nimmer fiel.

Aber schändlich! Wer mit Schneckenschliche,
Troz des innern Dranges Sporenstiche,
  Die Vollendungspfade wandelte!
Schändlich! Die mit ihm den Pfad betraten,
Ruhten längst von ihrer Reise Pfaden,
  Wenn er noch Aeonen träumend schleicht.

Heil! Verflogen sind um mich die Nächte,
All gerettet, Tugend, Deine Rechte;
  Deine Blüthe lebt, Unsterblichkeit!
Freyheit, meine Loosung! keine Bande!
Rüstig, Waller, fort zum fernen Lande,
  Wo Vollendung dein und Ruhe harrt.

Wie kommen dir nach dem allen, was wir vorhin sprachen, die Ideen vor, welche dieses Gedicht enthält?
Parmenides.
Es sind unstreitig solche, die sich jedem menschlichen Geiste von selbst aufdringen.
Xenophanes.
Darum aber doch nichts mehr als Täuschungen, Paroxysmen des Gefühls, welche die Grundsätze

sätze der Vernunft nicht um ein Haar verrücken. Der menschliche Wille ist ein ohnmächtiger Regent, den eine Menge Räthe unvermerkt Schritt für Schritt fortgängeln, der aber durch eigene Kraft nichts auszurichten vermag; im Grunde also nicht einmal ein Regent, nur eine Null. —

Parmenides schwieg, allein sein Stillschweigen war nicht sowohl Folge von Ueberzeugung als von Verwirrung, in welche ihn Xenophanes durch seine Gründe versetzt hatte, und dieser wartete wohlbedächtig das Sediment der Gährung ab, die in ihm rege war, ohne ihn durch Zudringlichkeit zu übereilen. —

———

Wenn nun aber, so fuhr Parmenides endlich fort: dem wirklich also wäre, wie es scheint, wenn dieses ich durch seine Willkühr nie eine Quelle von Handlungen wird; — was ist denn am Ende dieses ganze ich, welches ich so lebhaft fühle, und durch welches ich eigentlich erst zu einem selbstständigen Wesen werde?

Xenophanes.

Eine Frage, die wir eher hätten aufwerfen sollen, um uns viele Weitläuftigkeiten der Demonmonstration zu ersparen. — Nun, was denkst du dir denn bey diesem ich, welches so außerordentlich viel vermag?

Parmenides.

Ich gestehe dir es, ich bin in einiger Verwirrung darüber, und weiß diesen Augenblick wahrhaftig nicht — —

Xenophanes.

Bekenne nur offenherzig, so viel dein ich auch für deine Empfindung seyn mag, so wenig ist es für deinen Verstand. — Sieh es so scharf an, als du kannst, trenne von ihm jeden fremden Zusatz, und ich frage dich, was bleibt mehr, als — ein leeres Gefühl?

Parmenides.

Doch nicht so ganz leer, als du es vorstellst. Es ist die Summe meiner physischen und geistigen Kräfte, das Centrum, in welchem alle Veränderungen meines Zustandes, die Resultate aller Beziehungen meines Wesens gegen andre zusammen laufen, und so, ein helles von allen Seiten begränztes Bewußtseyn meiner selbst bilden.

Xenophanes.

Das wäre dein ich wirklich? In ihm wäre also enthalten Sinnlichkeit, Empfindung, Wille, Ein-

Einbildungskraft, kurz alle Vermögen deiner Natur?

Parmenides.

Nicht anders.

Xenophanes.

Und zwar nicht blos durch Zusammenhang, sondern sie alle wären im eigentlichen Sinne in ihm, oder vielmehr machten das ich selbst aus. Nun sehe ich wohl, daß alle Thätigkeiten jener Kräfte das ich mit sich führen; allein ich finde nie, daß das ich irgend eine Thätigkeit veranlassen kann. Mithin bin ich geneigter zu glauben, daß es jenen Kräften angehört, als eine Wirkung, denn daß es selbst jene Kräfte besitze und in ihrem Spiele leite. Wenn du das letztere annimmst, so machst du die Wirkung zur Ursache, und die Ursache zur Wirkung. Was du deine Kräfte nennest, das sind fremde Kräfte, welche erst dein Selbstgefühl hervorbringen, und dich fähig machen müssen in einen gewissen Bewußtseyn eigener Wesenheit zu existiren.

Parmenides.

Was wäre denn nun aber von allem dem, was ich besitze, mein?

Xenophanes.

Wenn das nur unser ist, was wir uns selbst erworben haben, oder dessen wir uns nach Willkühr bedienen können, so ist nichts dein. Inwiefern du aber einmal bist, dich als etwas von den übrigen Dingen gesondertes fühlst, und einen gewissen Theil des Universums anschaust; kannst du jedes Bewußtseyn, jedes Gefühl, jede Vorstellung dein nennen, nur, ohne damit den Begrif von Selbstthätigkeit und Willkühr zu verbinden.

Parmenides.

Im Grunde sage ich damit nie etwas mehr, als: ich bin. Aber was bin ich denn nun eigentlich meinem Wesen nach?

Xenophanes.

An und für dich betrachtet, in jedem Augenblicke ein Bewußtseyn, oder ein Gefühl, oder eine Vorstellung, oder ein Bestreben; im Ganzen deiner Existenz eine Reyhe bewußter Gefühle, Vorstellungen, Bestreben, die aber von ihrem Innhalte natürlich nicht die geringste Rechenschaft geben kann. Fragst du hingegen, was du bist, in Beziehung auf alle die Wesen, welche um dich sind, so ist die Frage etwas schwerer. Du bist nicht durch dich selbst da, das wäre widersinnig,

der

der Grund deines Seyns ist also außer dir; dein Ich entsteht, wird aus gewissen unbekannten Keimen und Kräften entwickelt; die Art deines Seyns, deine Zustände werden ebenfalls durch Dinge bestimmt, welche du nicht kennst, und in ihrer Wirksamkeit weder fördern, noch hindern, noch richten kannst. Du bist also für dich allein im Grunde nichts, nur ein Glied eines großen Ganzen, du bist nicht getrennt von den übrigen Dingen, sondern du hängst innig mit ihnen zusammen, bist mit ihnen allen Eines.

Parmenides.

Aber, sage mir, empört dich der Gedanke nicht, daß du ganz Sklav, oder, was sage ich! noch weit weniger, an dir im Grunde gar nichts seyn solltest. Wer würde nicht lieber gar nicht seyn, als einem unbekannten Etwas zum beständigen Spiele dienen wollen?

Xenophanes.

Freylich, wenn man bey diesem Gedanken stehn bleibt, so ist es eine trostlose Wahrheit. Allein wenn man ihn weiter verfolgt (und kein Mensch wird sich wohl bey ihm befriedigen können), so kann er uns, wie abschreckend er auch auf den ersten Anblick war, in die Arme einer beruhigenden Religion führen. Wer sich überzeugt hat,

C   daß

daß er nie selbst handelt, unaufhörlich unter dem Einflusse fremder Kräfte steht, wie empfänglich muß ein solcher nicht für den Glauben an das Daseyn eines Gottes, und eines vorsehenden Verstandes seyn!

Parmenides.
Ein ganz neuer Weg zur Religion.

Xenophanes.
Eben so wenig neu, als es die Idee, von der Abhängigkeit des Menschen in seinem Daseyn und seinen Kräften, selbst ist. — Längst schon hat man behauptet: Furcht sey die Ursache des Glaubens an Götter; und wenn auch dieser Gedanke die ganze Entstehung desselben nicht erschöpft, so kann man doch nicht läugnen, daß Furcht einen großen Antheil daran hat. Nur so lange der Mensch, ohne sich selbst in seinen wahren Beziehungen gegen die Welt zu betrachten, in einem gedankenlosen Schlummer fortlebt, kann er einen Gott entbehren; allein so bald er einen scharfen Blick auf seine Natur wirft, sobald er erkennt, wie ganz ohnmächtig, wie abhängig er in seinem Daseyn Kräften und Veränderungen ist, wie so wenig Rechenschaft er selbst von denenjenigen seiner Wirkungen geben kann, wo er freye Willkühr ausgeübt zu haben schien; dann treibt ihn

das

das Bedürfniß seiner Ruhe zu dem Glauben eines unendlichen Wesens.

Parmenides.

Du stellst dich, schlau genug, als ob du nicht bemerktest, daß diese Ueberzeugung von einer gänzlichen Abhängigkeit, eben sowohl zum Atheismus und Pantheismus, als zu einem trostvollem Deismus führt; und es ist immer noch die Frage, wohin man bey dem Schauspiele der Unvollkommenheiten und des tausendfachen Elendes der Welt am leichtesten hingeräth.

Xenophanes.

Zum Atheismus, Freund, kann die menschliche Vernunft nie führen, wenn sie an Bündigkeit im Schließen und Glauben gewöhnt ist.

Parmenides.

Also ist ein Atheist in deinen Augen ein Verrückter?

Xenophanes.

Diese Frage kann ich nicht beantworten, ohne mich vorher über den Begrif eines Atheisten zu erklären. Diese Benennung ist etwas vieldeutig. Man nennt einen Atheisten bald den, welcher leugnet, daß es eine persönliche Gottheit gebe, die den allervollkommensten Verstand und Willen besitze, und nach vorhergedachten Absichten und End-

Endzwecken handle, bald den, welcher der Vernunft die Fähigkeit abspricht, Beweißgründe für das Daseyn eines solchen Wesens zu erdenken, bald auch den, welcher daran zweifelt, ob ein Gott sey. In allen drey Fällen misbraucht man das Wort. Der, welcher eine persönlichen Gottheit leugnet, verwirft darum nicht jeden Begrif dieses Wesens; denn die Persönlichkeit ist keinesweges das essentielle in demselben; der, welcher der Vernunft das Vermögen abspricht, Gottheit zu erweisen, kann entweder durch Gründe der Moral und der Offenbahrung zur festesten Ueberzeugung von der Wirklichkeit einer Gottheit gelangen, oder sein Urtheil zurück halten, und weder glauben, daß ein Gott, noch daß keiner ist, und der, welcher bloß zweifelt, ist unentschieden, und kann zu keiner Parthey gerechnet werden. Atheist ist nur derjenige, welcher durch Vernunftgründe erweisen zu können glaubt, daß kein Gott sey, welcher die Idee dieses Wesens und die Ueberzeugung von seinem Daseyn für widersinnig hält. Und auf diese Meynung kann bey gesunder Vernunft kein Mensch gerathen, ein solcher Atheist ist in meinen Augen wirklich ein Verrückter. Denn Verrückung ist es doch wohl, wenn man die Grundgesetze der Vernunft, die evidentesten Wahrheiten der Menschheit,

bey

bey keinem Denken verläßt, wenn man sich eine Meynung in den Kopf setzt, die dem Satze widerspricht: jede Wirkung hat eine Ursache? Und das wäre der Fall bey einem wirklichen Atheisten. Allein ich kenne auch in der That keinen einzigen Philosophen, der dieses so allgemein, so ohne Einschränkung behauptet hätte. Der größte Theil der sogenannten Atheisten trift vielmehr am Ende mit dem Deisten fast ganz zusammen.

Parmenides.
Du häufst Paradoxie auf Paradoxie.

Xenophanes.
Auch diese wird aufhören es zu seyn, wenn man sie näher betrachtet. — Vor allen Dingen müssen wir uns aber über den Begrif der Gottheit einverstehn. Was ist in diesem wohl das essentielle?

Parmenides.
Unstreitig, daß es ein von der Welt verschiedenes Wesen sey, welches den vollkommensten Verstand und Willen besitze, die Welt nach gedachten Gesetzen der Vollkommenheit erschaffen habe, und nach ebendenselben regiere. Jeder andere Begrif ist falsch, und wenn man z. B. ein Wesen, welches mit der Welt eines, mit ihr zugleich ewig seyn, weder Verstand noch Willen besitzen soll, Gott nennt,

nennt, so misbraucht man diesen Nahmen auf die gröbste Art; eben so wohl, als man mit Worten spielt, wenn man eine materielle Kraft, welche das Denken bewirken soll, Seele nennt.

Xenophanes.

Ein harter Ausspruch, dessen Gültigkeit mir aber nicht einleuchten will. — Bedenke wohl, daß wir hier nicht in der Sphäre geoffenbarter Religion sind, sondern in den Regionen der Vernunfterkenntniß. Nun wird die Vernunft durch gewisse Fragen, welche sie sich ihrer Natur nach vorlegen muß, und denen Beantwortung für sie Bedürfniß ist, zur Bildung des Begriffes einer Gottheit geleitet. In diesen Fragen kommen alle Menschen mit einander überein, und dasjenige, wodurch man Aufschluß über jene Fragen bekommt, ist das wesentliche im Begriffe der Gottheit. Wenn ich nun zeigen könnte, daß der Begrif eines Wesens, welches mit dem Ganzen der Welt Eines und mit ihm gleich ewig ist, und, ohne Verstand und Willen zu besitzen, die Erscheinungen derselben aus sich entwickelt, die Aufgaben der Vernunft eben so befriedigend löst, als jener eines von der Welt unterschiedenen mit Verstand und Willen begabten Wesens; so seh ich nicht ein, warum jener Begrif den Namen Gott nicht eben sowohl verdienen

dienen sollte, als dieser, und mein Satz wäre erwiesen, daß der vermeynte Atheist mit dem Deisten in der Hauptsache, dem essentiellen des Begriffes, zusammen trift. Ganz anders ist es mit dem theologischen Begriffe, mit dem Gotte der Offenbahrung. Statt daß der Gott der Vernunft blos ein Begrif ist, welchen sie sich bildet, um gewisse Räthsel zu lösen, um Einheit und Vollendung in ihre Erkenntnisse zu bringen, so ist der Gott der Offenbahrung ein wirkliches Objekt, welches gegeben ist, und welches man, (wenn es wirklich gegeben, nicht von betrügerischen Zeugen erdichtet worden;) genau so zu denken verpflichtet ist, wie es gegeben ward.

Parmenides.

Du spannst meine Neugier sehr. — Im voraus aber warne ich dich, die Fragen, welche die Vernunft zur Bildung des Begrifs der Gottheit leiten, nicht, wie es gewöhnlich in diesem Falle zu geschehn pflegt, unvollständig aufzuzählen, und armselig darzustellen.

Xenophanes.

Eine Unredlichkeit dieser Art von mir zu befürchten, war mein Freund wohl nicht berechtigt.

Atheist und Deist haben beyde ein gleiches Bedürfniß, folgende Fragen zu beantworten: Woher ist die Welt, woher ich? — Wie ist das Wesen beschaffen, welches den Grund meines Daseyns, und meiner Natur enthält? — Wie verhält sich die Welt gegen dieses Wesen? — Was für Hofnungen kann ich wegen meiner künftigen Schicksale, dem erkannten Verhältnisse der Welt gegen ihre Ursache zu Folge, fassen? — Wie muß ich ihm gemäß meine Handlungen einrichten. — Du wirst mit mir darüber einig seyn, daß die ganze Vernunftreligion in der Beantwortung dieser fünf Fragen beruht.

Parmenides.

Ich wüste außer denselben keine. — Und die Beantwortung dieser Fragen sollte bey beyden am Ende auf Eines hinauslaufen?

Xenophanes.

Einige Kleinigkeiten der Vorstellungsart abgerechnet, auf Eines und Dasselbe. Einer kann durch seine Begriffe eben soviel Befriedigung, Ruhe und Trost bekommen, als der andere.

Parmenides.

Wir wollen versuchen. — Woher die Welt? woher ich selbst? war die erste gemeinschaftschaftliche Frage. Der Deist befriedigt gewiß jeden Vernünftigen durch seine Antwort: Ein ewiges, nothwendiges, höchstvollkommenes Wesen hat sie einmal geschaffen, nach gedachten Endzwecken der Vollkommenheit, Gerechtigkeit und Güte. Die Welt ist ein Werk seiner Allmacht; allein der Stoff zu ihr ist eben so wenig aus demselben emanirt, als er sich außer ihm vorfinden konnte, ehe etwas war. Sie ward aus nichts erschaffen; den Aktus dieser Schöpfung zu erklären übersteigt unsre Kräfte.

Xenophanes.

Die Antwort des Atheisten ist nicht weniger befriedigend. Gottheit und Welt, sagt er, kann ich mir nicht als zwey völlig gesonderte und der Materie nach von einander gänzlich verschiedene Wesen denken, wovon das eine das andere irgend einmal geschaffen habe, ohne daß der Stoff dazu aus den schaffenden Wesen emanirt, oder außer ihm schon vorhanden gewesen wäre. Ich unterscheide nur die mir erscheinende Welt von dem Innern der Welt. Alles, was ich rings um mich sehe, sind vorübergehende Ausdrücke, Wirkungen der Naturkräfte, im Ganzen und dem Substanziellen nach mit denselben gleich nothwendig, gleich ewig,

ewig, innigst mit ihnen verbunden, mit ihnen Eines. — Ich frage dich, wer von beyden, der Atheist oder der Deist hat mehr Aufschluß über die Frage von der Kauſſalität der Welt? Beyde wenigſten gleich vielen.

Parmenides.

Unmöglich. Der hat doch wohl den meisten, der den wenigsten Widersprüchen ausgesetzt ist. Nun ist es in jeder Rücksicht vernunftmäßiger, ein Wesen anzunehmen, welches in keinem innern Zuſammenhange mit den Geschöpfen steht, welches die Nothwendigkeit und Ewigkeit des Daseyns nicht mit ihnen gemein hat, sondern allein nothwendig und ewig ist, und eben deshalb Schöpfer des Zufälligen werden, eben deshalb die Zeit entſtehen laſſen konnte, da vorher keine war; als ein solches, welches mit der Welt gleich nothwendig, gleich ewig, mit ihr völlig eines seyn soll, welches immer hervorbringt, entwickelt, verändert, und immer nur sich selbst wieder hervorbringt, entwickelt und verändert, und doch dabey an sich nicht die geringſte Verwandlung erleidet, ein Wesen, welches zugleich Ursache und Wirkung, den Gesetzen der Zeit unterworfen und zugleich von denselben völlig frey ist. Jede menschliche Vernunft

nunft; dächte ich, müßte sich auf die erste Meynung neigen, jede wenigstens, welche Denkbarkeit und Zusammenstimmung zum Gesetze ihrer
Ueberzeugung und Glaubens gemacht hat.

Xenophanes.

Und ich dächte, gerade diese müßte nothwendig auf die letzte gerathen. Darüber sind ja
die Weltweisen einig, daß Schöpfung aus
Nichts ein Begrif ist, welchen keine menschliche
Vernunft, wenn sie blos den Gesetzen ihrer Natur
folgt, bilden kann. Der über alle Fassungskraft erhabene Gedanke, daß ein Wesen etwas
hervorbringen könne, ohne den Stoff dazu aus
sich zu nehmen, oder außer sich vorzufinden, daß
Ewigkeit in Zeit übergehen könne — der mußte
offenbart werden, nicht um begriffen, sondern
um geglaubt zu werden. — Da wir nun aber
jetzt blos unsre Vernunft hören, da die deistische
Meynung auf Schöpfung aus Nichts hinaus-
kommt, da unsre Vernunft, wenn sie keine hö-
here Verpflichtung hat, vom Gesetze der Ge-
denkbarkeit abzuweichen, diesen Gedanken nothwendig verwerfen muß, so lange es noch einen
andern ihr begreiflichen giebt; so ist es ja offenbar,
daß die letzte Meynung auf das allerwenigste mehr
befriedigt, als die erste, wenn nicht diese etwa

gar

gar für die sich selbst überlassene Vernunft ganz null ist.

Parmenides.

Allein im Grunde leistet diese doch gar nicht, was geleistet werden soll. Aufgabe war: die Kaussalität der Welt zu erklären; und sie macht die Ursache zugleich zur Wirkung, und die Wirkung zur Ursache, das heißt, sie giebt gar keine Ursache an.

Xenophanes.

Nichts weniger als das. Nur stellt sie die Ursache der Welt nicht als vorübergehend, sondern als innwohnend vor. Und wo wäre denn das Gesetz gegründet, daß man nur von solchen Veränderungen Ursache zu nennen sey, welche man an Dingen außer sich hervorbringt? Ein Wesen ist eben sowohl Ursache, oder vielmehr, es kann von Nichts mit dem Rechte, so im strengsten Sinne des Wortes Ursache genennt werden, als von den Ausdrücken und Aeußerungen seiner Kräfte.

Parmenides.

Allein, das wirst du mir zugeben, daß man bey dieser Meynung keinen Gott hat.

Xenophanes.

Wenn Ursache der Welt das substanzielleste dieses Begriffes ist, so hat man hier eben sowohl einen Gott, als bey jeder andern Meynung der Vernunft.

Parmenides.

Nicht blos Ursache, sondern außerweltliche Ursache ist das substantielleste des Begriffes.

Xenophanes.

Diese Bestimmung, verzeihe mir, trägst du erst hinein. Die Frage des Atheisten und Deisten war: woher diese mir erscheinende Welt, was hat sie für eine Ursache? Jener nimmt die Kräfte der Natur, dieser ein von ihr ganz unabhängiges Wesen an; beyde haben das, was sie suchten, eine Ursache der Erscheinungen der Welt. Ob diese außerweltlich, oder innweltlich, innwohnend, oder vorübergehend sey, das liegt nicht in der Frage. Jeder nennt seinen Begrif mit gleichem Rechte: Gott.

Parmenides.

Ich darf es unterdessen zugeben; denn bey den übrigen Fragen, denke ich, soll der Abstand beyder Meynungen noch mehr einleuchten. Jetzt also zur zwoten.

Wie ist, so fahren beyde fort: das Wesen beschaffen, welches den Grund des Daseyns der Welt und meiner selbst in sich befaßt?

Xenophanes.

Dieses heißt doch wohl nichts anders, als: wie muß ich mir dasselbe denken?

Parmenides.

Richtig. Alles, was wir behaupten, behaupten wir in Beziehung auf menschliche Vorstellungsart und Vernunft. —

Dieses Wesen, antwortet der Deist: ist von der Welt gesondert, besitzt den allervollkommensten Verstand und Willen und unbegränzte Schöpferkraft; — eine Antwort, welche in jeder Rücksicht völlig befriedigend ist, die einzige, vermittelst welcher man Erklärung über alle Erscheinungen und Eigenschaften der Welt bekommt. Ich bin neugierig, durch welche Spitzfindigkeiten du die Meynung des Atheisten dieser an die Seite setzen wirst.

Xenophanes.

Die Kräfte der Natur, sagt dieser: erscheinen mir nie, wie wollte ich also etwas gewisses über ihr Wesen bestimmen. Soviel ist gewiß, sie hängen mit den Erscheinungen der Welt, als ihren Ausdrücken,

cken, innigst zusammen, sie sind mit ihnen eines. Nach Gedanken und Absicht wirken sie nicht, denn durch Gedanke wird nirgends etwas hervorgebracht. Sie besitzen nicht einmal die Kräfte, welche wir (an ihren Ausdrücken, Modifikazionen,) Verstand und Willen nennen. Sie wirken nach der Nothwendigkeit ihrer Natur. Nun seh ich in ihren Wirkungen überall Ordnung und Harmonie, und schließe, daß sie nicht etwa isolirt wirken, sondern einen innigen Zusammenhang haben, ja, daß sie einer höchsten, regierenden Kraft subordinirt sind. Diese Grundkraft der Welt kann ich an sich nie erkennen, und es würde lächerlich seyn, mir davon ein Phantasiebild entwerfen zu wollen, welches sich die Vertheidiger einer persönlichen Gottheit immer erlauben, und welches auch unserm Geiste sehr natürlich ist, welcher alles nur zu gern vermenschlicht und personifizirt. Allein bey aller meiner Unwissenheit über die innre Beschaffenheit dieser Kräfte, bey meinem Unvermögen, andre als negative Eigenschaften derselben anzugeben, bin ich doch davon fest überzeugt, daß die Welt nothwendiger Ausdruck einer solchen Grundkraft ist." — Wer hat nun bey seiner Antwort mehr Befriedigung? Einer wenigstens soviel als der andre.

Par-

Parmenides.

Nimmermehr. Der Deist hat unstreitig den Vorzug. Er nur kann durch seinen Begrif der Gottheit die Erscheinungen der Welt erklären. Der Atheist mit seiner Verstand- und Willenlosen Kraft stößt überall auf Räthsel, oder geräth mit sich selbst in Wiederspruch. Denn Wirkungen von Verstand und Willen kann er in der Welt nicht verkennen, und doch leugnet er die Ursache, den Verstand und Willen selbst.

Xenophanes.

Laß uns redlich verfahren, mein Freund. Der Atheist sieht nirgends in der Welt Wirkungen von Verstand und Willen, sein Gott handelt nicht nach vorhergedachten Planen, und Endzwecken, sondern nach den Gesetzen der Nothwendigkeit seiner Natur. Er würde ihn herabzusetzen glauben, wenn er ihn nach Ideen und Regungen eines Willens wirken ließe. Nichts destoweniger sind ihm die Eigenschaften und Erscheinungen der Welt gerade soviel begreiflich, und erklärbar, als sie es jenem sind, welcher seine Gottheit mit Verstand und Willen begabt. Denn, was in der Welt mögen mir diese Begriffe von der Wirkungsart der Gottheit erklären? Sie sind von der menschlichen Natur auf sie übergetragen, und haben also schon

deß-

deßhalb wenig Wahrscheinlichkeit für sich. Allein die ganze Uebertragung beruht noch dazu auf einer groben Täuschung; denn selbst unter Menschen wird ja durch Verstand und Willen nichts wirklich. Und wenn dieses auch geschähe, so würden doch beyde Kräfte Ohnmacht und Mangel verrathen, und also auf die Gottheit nicht anwendbar seyn. — Der Unterschied beyder Meynungen ist also kein andrer, als der: Der Atheist beruhigt sich bey dem Begriffe einer Kraft, welche die Welt nach den Gesetzen der Nothwendigkeit ihrer Natur aus sich wirkt, in ihren übrigen positiven Eigenschaften aber für ihn unerkennbar ist; Der Deist personifizirt die Grundursache der Welt, und bildet sich, nach dem Bedürfnisse seiner Phantasie, einen erhöhten Menschen zum Gotte.

Parmenides.

Der Gott des Deisten wäre also wohl am Ende gar eine Dichtung der Phantasie?

Xenophanes.

Wenn du, wie zeither, das zufällige des Begriffes mit dem wesentlichen vermengst, nichts andres. Trenne jenes von diesem, behalte nur das bey, was nöthig ist, um jene wichtigen, in der Natur der Vernunft gegründeten Fragen, von welchen wir ausgiengen, zu beantworten; so bekommst

kommst du einen reinen soliden Begrif, welcher aber im Grunde mit jenem des Atheisten zusammentrift. Soviel gebe ich dir indessen zu, daß der Deistische Begrif für die Fassungskraft des Menschen überaus bequem ist. Unser Geist ist von Natur so geneigt, alles zu versinnlichen und auf alles den Charakter seiner Menschheit überzutragen; selbst das Unendliche möcht' er nur zu gern in ein Miniaturgemälde bringen, und vor sich stellen. Und was für ein Schauspiel müßt' es seyn, wenn man eine Gallerie von allen Bildern der Gottheit (im eigentlichen Sinne) sammlen könnte, welche sich die Menschen von jeher gemacht haben, und noch jetzt machen!

Parmenides.

Laß uns zur dritten Frage übergehn. Ich will vor der Hand mit deinem Geständnisse zufrieden seyn, daß der Deistische Begrif für den menschlichen Geist der brauchbarere ist.

Xenophanes.

Bey der dritten Frage: Wie verhält sich die Welt gegen ihre Ursache? wirst du mir, hoffe ich, die Uebereinstimmung des Atheisten und des bündigen Deisten, ohne Widerrede zugestehn.

Sie

Sie verhält sich, antwortet der Atheist, gegen dieselbe, wie die Wirkung gegen die Ursache. Die Naturkräfte strömen ihre nothwendigen Wirkungen aus, sie selbst können in den Gesetzen ihrer Natur nichts ändern, und die Wirkungen eben so wenig etwas zur Bestimmung ihrer Ursachen beytragen. Kein Geschöpf ist also frey, der Lauf der Schicksale ist nothwendig und unveränderlich gegründet.

Der Deist, wenn er konsequent seyn, nicht den evidentesten Vernunftsatz leugnen will, daß jedes Ding seine Ursache haben müsse, ist gezwungen, dasselbe zuzugeben, nur daß er seinen Gott die Schicksale nach Vorstellungen von Vollkommenheit, Güte und Gerechtigkeit vertheilen läßt. — In der Hauptsache — der völligen Nothwendigkeit aller Schicksale — treffen dennoch beyde zusammen, beyde müssen sich dem unterwerfen, was eine fremde Macht für sie bestimmt, beyde sich als Sklaven der Nothwendigkeit erkennen. Ich hoffe, du wirst mir dieses zugeben, oder — die Grundsätze widerlegen, welche ich über die Ohnmacht des menschlichen Willens vortrug.

Parmenides.

Blos theoretisch betrachtet, stimmen, ich gesteh' es, der Begrif des Atheisten und jener des

Deisten, mehr mit einander überein, als es auf den ersten Anblick scheint. — Allein die praktische Seite ist am Begriffe der Gottheit gewiß die wichtigere; und hier ist nun der Abstand beyder ungeheuer.

Xenophanes.

So scheint es wirklich. Allein näher besehen ist er es auch hier nicht.

Parmenides.

Bey der vierten Frage zum Beyspiel: zu was für Hofnungen mich der Begrif der Gottheit, meiner künftigen Schicksale wegen, berechtigt, ist der Vortheil augenscheinlich auf der Seite des Deisten; der Atheist mit seinem feinen gereinigten Begriffe bleibt hoffnungs- und trostlos. — Er leugnet die Möglichkeit einer außerweltlichen persönlichen Gottheit, und nimmt dafür zusammenwirkende, einer Hauptkraft untergeordnete Naturkräfte an, welche nicht nach Vorstellung und Entzwecken, sondern nach den nothwendigen Gesetzen ihrer Natur, das Daseyn, die Beschaffenheiten und Zustände der Geschöpfe bewirken. Was für Aussichten kann er sich öfnen, da er alles einer blinden Nothwendigkeit unterwirft, was von einem Wesen erwarten, welches sich für seine Glückseligkeit nicht interessirt, ja

über-

überhaupt gar keinen Begrif von Glückseligkeit hat? — Ganz anders beym Deisten. Seine auſſerweltliche perſönliche Gottheit entſcheidet alles nach gedachten Endzwecken der Vollkommenheit und Güte; warum könnte er nicht alles für die Zukunft von ihr hoffen.

Xenophanes.

Und woraus ſchließt denn der Deiſt, daß ſein Gott nach Vorſtellungen der Vollkommenheit und Güte handelt? Doch wohl nur aus der Betrachtung ſeiner Wirkungen, der Welt ſelbſt? Er erkennt durch dieſe, daß alles auf die Glückſeligkeit der Lebendigen abzielt, daß jedem natürlichen Triebe Mittel zur Befriedigung bereitet ſind, daß das Uebel ſogar ſelbſt Quelle des Guten wird, der Verluſt ſelbſt zum Erſatze hinführt, daß nichts in der Natur vernichtet wird, ſondern die Weſen durch zahlloſe Arten von Verwandlung durchgehn; und dieſe Beobachtungen leiten ihn zu dem Begriffe eines Gottes, welcher nach gedachten Geſetzen der Vollkommenheit und Güte wirkt. Er ſchließt hier zugleich richtig und auch unrichtig, folgert zu wenig und auch zu viel. Daraus, daß in der Welt das Gute überwiegend iſt, kann er nichts mehr folgern, als das Gott die Urſache dieſes überwiegenden Guten iſt. Wenn er aber fortfährt und das wie-

D 3 — und

und warum dieser Wirkung jener Ursache erklären will, wenn er der Gottheit eine Kraft zu denken, zu begehren und verabscheuen leiht, sie Endzwecke der Vollkommenheit der Güte denken, und den gedachten Endzwecken gemäß handeln läßt, dann folgert er zu viel. Und er bedarf auch diesen Folgerungen gar nicht, um Fortdauer, Vervollkommnung und Glückseligkeit hoffen zu können. Genug, daß er in den Wirkungen der Gottheit alles dahin zwecken sieht, die Lebendigen zu beseeligen; nun kann er schon die schmeichelndesten Erwartungen von seiner eignen Zukunft fassen, ohne erweisen zu müssen, daß jene Wirkungen derselben Folgen von Vorstellungen und gedachten Gesetzen sind. Allein warum wäre der Atheist nicht berechtigt eben soviel von seiner Gottheit zu hoffen? Wenn er die Wirkungen der Naturkräfte beobachtet, findet, daß in denselben Gesetzmäßigkeit, Ordnung und Einheit herrscht, wenn er sich überzeugt, daß das wesentliche von jeder ihrer Wirkungen nicht vernichtet wird, sondern nur in eine andre Form übergeht, daß den Bedürfnissen der Lebendigen die Mittel der Befriedigung zugemessen sind, daß jedes Wesen von Vollkommenheit zu Vollkommenheit aufsteigt, selbst periodische Rückfälle in Unvollkommenheit Schwung-

kraft

kraft zu höherer Vollkommenheit geben, daß überhaupt alle Dinge in solchen Verhältnissen gegen einander stehen, daß eine überwiegende Summe von Glückseligkeit erfolgen muß; warum sollt' er nicht die Anwendung auf sich machen, warum nicht mit Recht analogisch schließen, daß auch seine Schicksale den allgemeinen Gesetzen des Ganzen untergeordnet seyn werden, warum nicht Fortdauer, Vervollkommnung und Beglückseligung hoffen?

Parmenides.

Aber denke nur, Gesetzmäßigkeit, Ordnung, Einheit, Abzweckung auf Glückseligkeit — ohne Gedanke, ohne Absicht — Folge von blinder Nothwendigkeit — ist es nicht offenbarer Widersinn?

Xenophanes.

Und wo läge denn der Widersinn? — — Ist etwa keine gesetzmäßige Wirkung möglich, welche sich nicht auf Gedanke, auf vorgestellten Endzweck gründete? Wir können freylich nichts höheres, als Denken, allein eben dadurch, das Denken für uns das höchste ist, sollten wir unsre Niedrigkeit und Schwäche erkennen; denn Denken hat gar keinen Einfluß auf Wirklichkeit, sondern spiegelt nur Wirklichkeit nach; das, was Wirklichkeit hervorbringt, und bestimmt, muß ganz etwas anders seyn, als Vorstellen und Denken, (wie verfeinert und erhöht wir uns auch diese Kraftäußerungen dichten mögen,) muß etwas seyn, wovon durch Denken gar keine Idee bewerkstelligt werden kann. — Sonderbar, fast möchte ich sagen kindisch, ist das υϛεϱον πϱοτεϱον, welches wir begehn, indem wir den Grund aller Wirklichkeit, alles Seyns, und aller besondern Arten und Bestimmungen desselben in Gedanken suchen. Gedanke setzt allezeit etwas voraus, was ist, (außer dem Denkenden) aber das seyende setzt eben so wenig Gedanken voraus, als ein Original eine Kopie; sonst würden diese (die Gedanken) wieder sich auf eine Wirklichkeit beziehn müssen, diese wieder auf Gedanken und sofort bis ins Unendliche. — Nichts hat von jeher mehr irr geführt, als die Benennung einer blinden Nothwendigkeit, weil man sich allezeit völlige Gesetzlosigkeit, Unstetigkeit und Unzuverläßigkeit dabey dachte, keine gewisse Aufsicht, keine Hofnung, keinen Trost darauf gründen zu können glaubte. Allein dieses Vorurtheil beruht blos auf der schon gerügten falschen Hypothese, daß kein Wesen regelmäßig wirken, und Einheit in seinen Wirkungen erzielen könne, ohne vorher, wie wir, die ganze Reihe seiner künftigen Wir-

Wirkungen gedacht zu haben, da doch denken, und nach gedachten Absichten handeln offenbar ein Zeichen von Abhängigkeit und Mangelhaftigkeit ist. Denn jedes Denken setzt einen Gegenstand voraus, welchen der Gedanke abschattet, jeder gedachte Endzweck ein fehlendes Gut, nach welchem man hinstrebt. Wie sehr betrügt man sich also, wenn man glaubt, durch Leugnung der Endursachen, als Gegenständen des Denkens, welche die Schöpferkraft in Bewegung gesetzt haben sollen, werde die Vollkommenheit der Welt herabgewürdigt! Unsere Ideen davon werden vielmehr dadurch erweitert; wir werden auf einen erhabnern Begrif der Gottheit geleitet, werden entwöhnt sie der menschlichen Natur so gröblich nachzubilden, und alle ihre Wirkungen in so einseitigen Beziehungen zu betrachten, als es zeither geschah, wir nähern uns, soviel es möglich ist vielleicht, dem Unendlichen, Alleinnothwendigen selbst.

Laß uns also bey dem erhabnen Begriffe einer in sich gegründeten Nothwendigkeit uns beruhigen. Mögen wir auch ihre Natur nicht erkennen, wenn wir nur von ihrem Daseyn überzeugt sind. Wir wollen nicht das letzte zum erften, nicht die Wirkung zur Ursache ihrer Ursache machen, nicht aus menschlichen Werkstätten Begriffe holen, um uns die Wirkungsart des unendlichen Wesens zu erklären. Kinder mögen sich den Blitz vorstellen, wie er, Stahl und Stein in der Hand, seine verzehrenden Funken schlägt, und auf die schleudert, welche er treffen will, sie wissen nichts besseres; der Weise denke ihn in seiner Natur und nothwendigen Kraft!

Findest du nach diesem allen, gesteh' es aufrichtig, noch einen großen Unterschied zwischen der Meynung des Deisten, und jener des Atheisten? Kann der eine von seiner Gottheit mehr hoffen, als der andre?

Parmenides.

Soviel bleibt doch auch hier gewiß: Die Vorstellungsart des Deisten ist bequemer, faßlicher für uns.

Xenophanes.

Dieses leugne ich gar nicht. Sie wird deßwegen immer die allgemeine Vorstellungsart seyn.

Parmenides.

Allein nun haben wir noch eine Frage vor uns, die große Frage der Sittlichkeit in Beziehung auf das höchste Wesen.

Xeno-

Xenophanes.

Auch auf die Beantwortung von dieser, wird der atheistische Begrif von Gottheit eben den Einfluß haben den der deistische hat. Höre meine Gründe. Auf dreyerley Art —— —

Parmenides.

Nicht so hastig, theurer Freund. Wir haben noch einen entsetzlich großen Berg zu übersteigen, oder wegzuräumen, ehe wir, ohne über uns selbst zu lachen, die Frage aufwerfen können: wie wir, dem erkannten Verhältnisse der Welt gegen ihre Ursache zu Folge, unsre Handlungen einzurichten haben.

Xenophanes.

Ich ahnde schon. ——

Parmenides.

Wahrscheinlich etwas, wovon du nicht eben gern siehst, daß es mir bey dieser Stelle einfällt.

Wie kann denn von Sittlichkeit der Handlungen in einem Systeme die Frage seyn, wo eine Handlung so nothwendig ist, als die andre, keine mit Recht als das Werk menschlicher Willkühr angesehen werden kann? Ich dächte bey einem solchen könnte man sich die ganze Moral ersparen.

Xeno-

Xenophanes.

Nicht mehr, als bey jenem des Deisten, wenn er bündig, vernünftig schließt. Denn, wie schon oft von großen Männern erinnert worden ist, der Determinism des Deisten kommt am Ende mit dem Fatalism zusammen, wenn man ununterbrochen nach Ursachen fragt.

Parmenides.

Allein ist es nicht lächerlich, zu bestimmen, wie man seine Handlungen einrichten solle, wenn man vorher bewiesen hat, daß man gar nicht selbst handle?

Xenophanes.

Keinesweges. So wenig es lächerlich ist, zuzugeben, daß die Natur uns die unverrückbare Determination gegeben hat, uns frey zu denken; so wenig ist es auch lächerlich, in diesem Gefühle der Freyheit fortzuphilosophiren. Nur vergesse man nie, daß, welche willkührliche Handlungen man auch entwerfe, man doch immer nichts anders thut, als erzählen, muthmaßen, was die nothwendigen Gesetze der Natur zur Wirklichkeit befördern werden. Ich kann demnach immer das große Gesetz der Sittlichkeit aufstellen: Handle nach solchen Gesetzen, von denen du wollen kannst, daß sie als allgemeine Gesetze für alle vernünftige

Wesen

Wesen gelten, und kein Metaphysiker darf über diese Gesetzgebung für den handelnden Menschen spotten. Denn ich behaupte damit gar nicht, daß durch meine willkührliche Einprägung dieses Gesetzes eine Handlung bestimmt werde, behaupte dieses eben so wenig, als ich überhaupt jemals eine neue Reihe von Ursachen und Wirkungen anfangen zu können vorgebe; ich trage nur ein Gesetz vor, welchem die Natur eine große Menge menschlicher Handlungen untergeordnet hat, ein Gesetz, welches in unserer Vernunft so fest und nothwendig gegründet ist, als es nur irgend eines seyn kann.

Parmenides.

Und die zahlreichen Ausnahmen dieses allgemeinen, so fest und nothwendig gegründeten Gesetzes, auf wessen Rechnung kommen denn die?

Xenophanes.

Natürlich auf die der Gottheit. Und warum sollten gerade diese es nicht, da man bey andern Gesetzen des Universums kein Bedenken trägt, ihr jede auch noch so regellose Anomalie zuzuschreiben? Im Grunde sind alle diese Erscheinungen, sowohl der physischen als moralischen Welt nur Ausnahmen für uns, Geschöpfe

von

von so eng begränzter Einsicht, Ausnahmen, welche nichts weiter zeigen, als daß die Regel, nach welcher wir eine gewisse Seite des Weltganzen beurtheilen und messen, noch bey weitem nicht die höchste ist, sondern auf eine zurückgeführt werden muß, welche auch jene scheinbaren Ausnahmen unter sich begreift, und keine Disharmonie mehr übrig läßt. Denn im Ganzen der Welt giebt es keine Ausnahme einer Regel. Wo wir dergleichen zu finden wähnen, täuscht uns unsre Kurzsichtigkeit. Könnten wir die Laufbahn moralischer Wesen so weit verfolgen, als die der Himmelskörper, so würde uns ein Brudermord z. B. eben so wenig räthselhaft seyn, als die Erscheinung eines Kometen. Allein der Horizont ist zu klein, auf welchem wir den Gang der moralischen Wesen betrachten können. Sie verschwinden mit ihrem Tode aus unsern Augen, und wer will muthmaßen, wie sich noch die moralischen Disharmonien im Charakter eines Nero auflösen! —

Parmenides.

Wenn ich mich nur mit dem Gedanken vertragen könnte, daß Gott der Urheber von allem moralischen Uebel seyn soll. —

Xeno-

Xenophanes.

Du mußt es, wenn du ein consequenter Deist seyn willst. Dahin wirst du es freilich nie bringen, daß du nicht im gemeinen Leben jeden Verbrecher strafbar und verabscheuungswürdig finden solltest; aber den Nutzen mußt du doch von jener Wahrheit ziehen, daß du den Verbrecher nicht so ganz unduldsam beurtheilst, als es gewöhnlich geschieht, und daß du von dieser ungleichen Vertheilung moralischer Vollkommenheit, die dich so sehr empört, den Schluß auf eine ersetzende und ausgleichende Zukunft machst. Mir scheint dieser Schluß noch weit sicherer als jener, der auf der Ungleichheit der physischen Güter beruht; auch ohne physische Güter in großen Maße zu besitzen, kann man glückselig seyn, allein wie viel entbehrt der moralisch Arme von der wahren Glückseligkeit! Mich hat nichts so gewaltig und unwiderstehlich zu dem Glauben an Fortdauer und Vervollkommung hingerissen, als eben diese Betrachtung. Wenn ich einen Bettler sehe, regt sich die Hoffnung nur leis in mir, daß die Zukunft ihm ein besseres Loos bringen werde; denn er kann ja seines Mangels ungeachtet, glücklich seyn; aber wenn ich einen Bösewicht sehe, dann erhebt sie ihre Stimme laut, und ich fordre von der Natur

Unsterb-

Unsterblichkeit für diesen meinen Bruder, damit auch er vollkommen und gut, das heißt, glückselig werden könne.

Doch wir verlieren uns zu weit. Du weißt nun den Gesichtspunkt, aus welchem alles zu betrachten ist, was wir über die Einrichtung unsrer Handlungen entscheiden. Unsre Frage war: Hat der Deist bey seinem Begriffe von Gottheit mehr Gewinn für seine Moralität, als der Atheist bey dem seinigen?

Parmenides.

Wir werden diese Frage in dreyfacher Rücksicht zu beantworten haben. Nämlich, die Idee einer Gottheit kann auf dreyerley Art Sittlichkeit in unsern Handlungen bewirken: 1) in wiefern blos die Betrachtung ihrer Vollkommenheit uns zur Nachahmung derselben auffordert. 2) inwiefern man einsieht, Gott wolle, daß der Mensch recht und gut handle, und sich seinem Willen unterwirft. 3) in wiefern man Belohnungen von ihm erwartet, oder Strafen fürchtet.

Xenophanes.

Allein du wirst mir zugeben; daß alle diese theologischen Begriffe nur in sofern wahre Tugend hervor bringen, in wiefern sie die Triebfedern derselben ins Spiel setzen, welche die Natur

in

in der Vernunft eines jeden befestigt hat, und daß diese eben so stark und sicher wirken, wenn sie auch von jenen Ideen nicht unterstützt werden.

Parmenides.

Ganz richtig. Die Natur überließ unsre Sittlichkeit nicht dem Einflusse von Meynungen, welche nicht nothwendig von jedem Menschen anerkannt werden müssen, nicht Gefühlen, die nur bey Einigen entstehn. Sie befestigte die Grundsätze der Tugend unabhängig von jenen der Religion, und die Allgemeingültigkeit von denselben hängt von keinem Ansehen religiöser Meynungen ab. Allein so völlig ich hierüber mit dir einig bin; so befürchte ich dennoch keinen Widerspruch von dir, wenn ich behaupte, daß nur wenig Menschen fähig sind, sich blos vom Interesse praktischer Vernunftwahrheiten bey ihren Handlungen leiten zu lassen, daß die meisten, um moralisch gut zu werden, die Mitwirkung jener theologischen Ideen sehr nothwendig brauchen. Und in Beziehung auf diese Klasse müssen wir denn unsere Frage entscheiden.

Xenophanes.

Unstreitig. — Was die erste Art betrift, wie der Begrif der Gottheit unsre Moralität vervollkommnen kann, nämlich: daß man blos durch

die

die Betrachtung ihrer Vollkommenheiten zur Nachahmung aufgefordert werde; so kann ich nicht leugnen, daß ich sehr wenig darauf rechne. Ein Wesen welches ich nachahmen soll, muß nicht zu weit über mir erhaben seyn, ich muß die Möglichkeit vor mir sehen, mich ihm bis zu einen gewissen Grad nähern zu können. Es muß ferner eine Analogie mit mir haben, dieselben Kräfte, und zwar unter denselben Verhältnissen besitzen, als ich. Endlich muß ich auch im Stande seyn, die Handlungsweise desselben zu betrachten. Allein, dieses ist bey der Gottheit in Verhältnisse gegen die Menschen der Fall gar nicht. 1) Das Endliche kann sich dem Unendlichen nie nähern, mithin sich dieses auch nie zum Ideale wählen, auf welches es hinarbeite. 2) Ihr gebt zwar eurer Gottheit Verstand und Willen, und scheint also wirklich eine Analogie zwischen ihr und euch anzunehmen, allein der allervollkommenste Verstand und allervollkommenste Wille, den ihr derselben zueignet, ist von euern Kräften dieses Nahmens so verschieden, das es lächerlich ist, beyde mit einer und derselben Benennung zu bezeichnen. 3) Die Handlungsweise der Gottheit d. h. die Geschichte der Enstehung, Fortpflanzung und Unterhaltung ihrer Wirkungen liegt ganz

ganz außer unserm Gesichtskreise, kann also von uns eben so wenig nachgeahmt als beobachtet werden. Dieses gilt vom atheistischen Begriffe der Gottheit eben sowohl, als von dem deistischen.

Parmenides.

Nichts destoweniger kann der Mensch die Wirkungen der Gottheit betrachten, und dadurch angefeuert werden, sich dieselben Endzwecke vorzustecken, auf welche er alles in der Natur mit so vieler Einstimmung und Gleichmäßigkeit hinzielen sieht, die großen Endzwecke der Vervollkommnung und Glückseligkeit.

Xenophanes.

Und dieses kann der Atheist eben sowohl als der Deist. Auch er erkennt die Ordnung und Harmonie der physischen und moralischen Welt, und die Summe von Glückseligkeit, welche das einträchtige Spiel der Wesen hervorbringt; warum sollte er sich nicht für ein so bewundernswürdiges Ganzes interessiren, warum nicht eher in diesen liebenswürdigen Einklang stimmen, als ihn durch Mistöne stöhren wollen? Daß seine Gottheit nicht mit Verstand und Willen begabt ist, nicht gedachte Endzwecke wirklich macht, sondern nach der Nothwendigkeit ihrer Natur handelt,

delt, schadet hierbey gar nichts. Denn die Handlungsweise der Gottheit kann ohnehin niemand nachahmen, indem sie niemand kennt; und was hilft dem Deisten zu diesem Behufe der allervollkommenste Verstand und Wille seines Gottes, da er im Grunde gar keinen Begrif damit verknüpft, und die Art, wie diese Kräfte Objekte behandeln und Endzwecke erstreben, ihm ganz verborgen ist. Auch ihm bleibt also nichts übrig, als vom Schauspiele der Erscheinungen der Welt gerührt den Entschluß zu fassen, harmonisch mit ihnen zu wirken, das Spiel seine Kräfte nach der Melodie des Ganzen zu stimmen.

Was den zweyten Punkt anbetrift: recht und gut zu handeln, weil man erkennt, daß es Gottes positiver Wille sey; so muß der Atheist freylich hier zurückbleiben; denn Wille der Gottheit ist ein Begrif, welchen er verwirft. Allein, ich möchte wissen, wie der Deist blos durch Vernunft zur Erkenntnis desselben gelangt, da es offenbar ein Gegenstand der Offenbarung ist. Wille eines Wesens muß nicht gefolgert, geschlossen, sondern unmittelbar erkannt werden. Eben so ist es mit dem letzten Punkte, welcher sich auf die Erwartung von Belohnungen und Strafen gründet, welches ebenfalls eigenthümliche Lehren

der

geoffenbarten Religion sind, auf welche Vernunft-
schlüsse nicht hinführen können.

Im Ganzen also bin ich überzeugt, daß der
Atheist von seinem Begriffe der Gottheit eben so
viel Vortheil für seine Sittlichkeit hat, als der
Deist.

Parmenides.

Ich gestehe dir, deine Parallele hat mich
überrascht. Sie hat mich auf der einen Seite
überzeugt, daß es im Grunde gar nicht möglich
ist, Atheist, im wahren Sinne des Wortes zu
seyn, und auf der andern hat sie mich in meiner
Meynung bestärkt, daß Offenbarung für das
Menschengeschlecht im Ganzen nothwendiges
Bedürfnis ist, und blos durch Vernunfterkenntnis schlechterdings nicht ersetzt werden kann.

In einem einzigen Stücke möchte ich dir noch
Schwierigkeiten machen: Gottesverehrung kann
doch wohl nur bey dem Systeme des Deisten Statt
finden?

Xenophanes.

Es kommt ganz auf den Gesichtspunkt an,
aus welchem du sie nimmst. — Blos als Bedürfnis der Vernunft betrachtet, besteht sie in
nichts als im Ausbruche der Bewunderung über

die unendlichen Vollkommenheiten dieses Wesens, und des Dankes für seine Wohlthaten, der Anerkennung unsrer völligen Abhängigkeit von ihm, und Ergebung in seine Anordnungen. Diese Thätigkeiten und Aeusserungen sind für jeden Menschen nothwendig, nicht, als ob die Gottheit dabey interessirt wäre, oder etwa einen Zuwachs von angenehmen Empfindungen erhielte, sondern weil sie in der Wirkungsart der Vernunft gegründet, weil sie Bedürfnis des denkenden Geistes sind. Eben deshalb kann sich der Atheist derselben eben so wenig entschlagen, als der Deist, und so fest ich glaube, daß kein Mensch beym richtigen Gebrauche seiner Vernunft das Daseyn der Gottheit leugnet, eben so gewiß bin ich überzeugt, daß niemand sich der Gefühle wahrer Gottesverehrung völlig und auf immer entschlagen könne. Jeder Mensch, haben wir gefunden, Atheist oder Deist gleichviel, mußte eine Ursache der Welterscheinungen annehmen, die unendlich über ihn erhaben ist, und das ganze harmonische Spiel der Wesen anordnet und leitet, und von welcher er in allen seinen Veränderungen völlig abhängig ist. Er bilde sich nun die Form dieses Wesens, wie er will, er kann, als Mensch, ihm seine Bewunderung, Dank-

Dankbarkeit und Ergebung nicht versagen, er muß Gottesverehrer seyn. — —

Nun konnte Parmenides weiter nichts einwenden. Er schwieg eine geraume Zeit, um das Resultat aller Betrachtungen noch einmal zu übersehn, und so wie überhaupt Verstand und Herz bey ihm immer zugleich in vollem Spiele waren, so gerieth er auch jetzt in den Zustand einer philosophischen Begeisterung.

O mein Freund, in diese Worte brach er endlich mit einem feurigen Händedrucke gegen Xenophanes aus: du hast mir einen unvergeßlichen Abend gemacht. Ich gesteh' es dir, ich hatte vor deinen Spekulationen gezittert; mein Glaube ist ein Theil meiner selbst geworden, und wer kann sich ohne Schauder ein Glied ablösen lassen, wenn er auch gewiß wüßte, daß die Quelle des Lebens darin ohnehin versiegen müßte? Aber nein, der Grundpfeiler meiner Ueberzeugung ist durch dich befestiget worden; hell wie der Tag ist mirs jetzt, daß die Gottheit ihren Nahmen in alle Menschenseelen gegraben hat, daß jede ein Tempel ihrer Glorie ist. — —

Muß der Geist der Sekte unsern Blick so verführerisch umnebeln, daß wir die schönsten Seiten der Natur, die erhabensten Kunstgriffe der Gottheit übersehn. Staunen wir doch, wenn wir den physischen Bedürfnissen der Geschöpfe überall Mittel der Befriedigung bereitet finden, das hülflose Thier durch einen sichern Instinkt zu der Nahrung hingezogen sehn, die allein sein Wesen erhalten kann; und wir bemerken nicht einmal, durch welchen geheimen Zug die Gottheit alle vernünftige Wesen zum Glauben an ihr Daseyn leitet! Wir beeifern uns die Geister in Sekten zu theilen, schmähen den Pantheisten, verfluchen den Atheisten, und bemerken vor frommen Eifer nicht, daß der Keim der Gotteserkenntnis in ihnen allen liegt, daß er sich auch in ihnen allen entwickelt, und nur eine andere Blume getrieben hat, die freylich nicht so schwelgerisch voll ist, als die unsrige, aber das wesentliche der Gattung unverkenntbar an sich trägt. — —

Und auf wie einfachem Wege, wie erhaben sparsam hat die Gottheit diesen Zweck erreicht! — — Ein einziges der Seele eingewebtes Gesetz, welches schon in dunklem Gefühle wirkt, eh es die Vernunft laut ausspricht, das Gesetz der

Kauſſalität, mehr brauchte die Gottheit nicht, — und jedes vernünftige Weſen mußte ihr Daſeyn glauben.

Wer ſollte es denken, daß dieſelbe Feder, welche die Hand des Wiegenkindes nach dem glänzenden Körper hinregt, der Eindruck auf ſeine Geſichtsorgane macht, auch die Thore der Unendlichkeit öfne, und das Organ der Gottesoffenbarung ſey, und daß wieder in ebendemſelben Triebe, der das Kind zur kleinen Blume hinzieht, der es anlockt, ſie zu lieben und innig zu faſſen, auch zugleich der Keim der Gottesverehrung liege! Oder wirkt nicht in beyden Fällen daſſelbe Gefühl von Nothwendigkeit eines zureichenden Grundes, und der Trieb zu lieben, was uns wohlthut, zu bewundern, was groß und ſchön iſt? — So wahr iſt der Ausſpruch jenes Weiſen, daß du Gottes Mittelpunkt überall findeſt, ſeinen Umkreis nirgends.

Die Sonne war längſt geſunken, während Parmenides und Xenophanes ſich in ihren Betrachtungen vertieft hatten, und das Abendroth fieng jetzt ſchon allmälich an zu verſchwinden. Zufriedenheit und Ruhe durchwallte ihre Herzen, da ſie jetzt die Anhöhe herabſtiegen, und ihr Gefühl

fühl gieng in eine sanftschauernde Andacht über, da sie unten im Thale die Hirten gelagert in einen Kreis ein frommes Abendlied singen hörten. Sie verweilten in einiger Entfernung, und stimmten noch mit leisen Tönen in den Gesang ein, der eben endete.

Der letzte Ton war verhallt, tiefe Stille schwebte über der Landschaft, und mit frommen Thränen, der Gottheit und der Bruderliebe heilig, schied Parmenides von seinem Freunde.

Ueber

das System Spinoza's.

Parmenides.

Aber, wie war es möglich, daß wir bey unserm gestrigen Gespräche nicht mit einem Worte an Spinoza dachten. Nach meiner wenigen Bekanntschaft mit ihm dünkt mich, wir sind verschiedene Male seinem Gebiethe nahe genug gewesen.

Xenophanes.

Du solltest sagen, mitten darin; wir haben wirklich die wesentlichsten eigenthümlichsten Stücke seines Systems durchdacht. Auch habe ich ihn immer vor Augen gehabt, allein ich weiß sehr gut, wie viel oft blos der Nahme des Erfinders dem Eingange gewisser Meynungen hinderlich ist, und so schwieg ich mit Vorbedachte von ihm; — denn bey allem Zutrauen auf deine Unpartheylichkeit fürchtete ich doch, du möchtest gewisse Ideen nicht so vernunftmäßig finden, wenn du wüßtest, daß sie sich von diesem so verrufenen Weltweisen herschreiben, als wenn du sie ganz

ohne

ohne Rücksicht auf ihren Urheber und den Ruf seiner Sekte erwägtest.

Parmenides.

Ich gesteh' es, ich hätte vielleicht hartnäckiger gefochten, als ich es so that, und ich danke dir für diese unschuldige List. Allein da ich nun einmal ohne es zu wissen mitten darin gewesen bin, und es hier nicht so fürchterlich aussieht als ich geglaubt hatte, so hätte ich nicht übel Lust, eine Reise durch das ganze Gebieth zu machen.

Xenophanes.

Wenn du Zutrauen zu mir hast, so schlag ich mich dir zum Geleitsmann vor; ich kenne die Wege ein wenig. Daß wir uns dort nicht häußlich niederlassen, versteht sich von selbst bey Leuten, die schon bequem und glücklich angesessen sind. Wir streichen umher, besehen die Gegenden, Felsen, Thäler, Steppen und Untiefen, kurz, alles, was wir vorfinden. Den Vorzug haben wir gewiß vor vielen Reisenden, daß wir nicht durch die Brille des Partheygeistes sehn. Wir sind nicht gegen das Land eingenommen, welches wir durchreisen, auch hindert uns keine Furcht, alles nahe zu beschauen, indem wir auf das äußerste gefaßt sind, was uns begegnen könnte.

Parmenides.

Gewiß werden viele blos von Furcht zurückgehalten, Spinozas System zu studieren. Sie wähnen durch seine gefährlichen Meynungen, um ihren Glauben, ihre Hofnung und Ruhe zu kommen.

Xenophanes.

Spinoza läßt gewiß jeden im ungestörten Besitze des Seinigen, und sein System verträgt sich mit jeder Offenbarung, sie sey so unbegreiflich als sie wolle, wenn sie nur nichts enthält, was im Widerspruche mit den Gesetzen der Vernunft steht. Daß er selbst die Offenbarung verwarf, kam daher, weil er dergleichen Säze darinn zu finden glaubte; dies ist aber bey andern Menschen nicht der Fall.

Parmenides.

Es kommen aber unleugbar in Spinozas Systeme, so weit ich es nur kenne, Säze vor, die den Lehren der Offenbarung widersprechen, und doch unmittelbar den Grundsäzen der Vernunft folgen. Wie kann ein konsequenter Mensch beyde annehmen? Eins von beyden muß falsch seyn.

Xenophanes.

Die Möglichkeit einer Offenbarung kann kein vernünftiger Metaphysiker bestreiten. Was aber
die

die Lehren betrift, welche sie vorträgt, so können diese allerdings der Vernunfterkenntniß entgegenstehen, und beyde können Recht haben, und wir werden immer, wenn wir auch die Konsequenz der Vernunftlehre einsehn, dennoch verpflichtet seyn, den Ausspruch der Offenbahrung auch anzunehmen, ja sogar diesem gemäs uns in practischen Fällen zu bestimmen.

Parmenides.

Das leuchtet mir nicht ein; eine gegründete Philosophie muß, dünkt mich, keinen Satz enthalten, der einer gegründeten Offenbahrung widerstreitet, und umgekehrt. Vernunft kommt von Gott, Offenbahrung auch, und Gott kann nicht zugleich ja und nein, so und auch anders sagen.

Xenophanes.

Wenn nun aber gewisse Wahrheiten nicht für den Menschen sind.

Parmenides.

Jede Wahrheit ist für den Menschen.

Xenophanes.

Soll das heißen: der Mensch kann jede Wahrheit fassen, sie sich eigen machen?

Parmenides.

Das nicht; denn es ist offenbar, daß wir zum Beyspiel nie fassen, daß die Dinge außer uns

uns nur Ideen in uns sind, daß wir nicht frey, sondern überall nothwendig bestimmt sind, und dergl. m.; allein jede Wahrheit die wir fassen können, muß für uns gut seyn.

Xenophanes.

Wenn nun aber die Gottheit haben will, daß wir uns von gewissen Dingen, deren wahre Natur zu erkennen unsre Kräfte übersteigt, dennoch einen Begrif machen sollen, und zwar den Begrif, welcher unserer Bestimmung, die ihr allein bekannt ist, am angemessensten ist, und wenn sie uns einen solchen durch den Weg der Offenbahrung gesezmäßig dargiebt; so kann dieser Begrif allerdings einem andern widersprechen, welchen sich die Vernunft von demselben Gegenstande bildet, welcher auch ganz aus ihren Gesetzen herfließt, — und in Rücksicht auf den Gegenstand ist keiner von beyden weder wahr noch falsch; der ganze Unterschied liegt in der mehrern oder wenigern Brauchbarkeit des einen oder des andern für die Endzwecke der Menschheit; und die Vernunft muß sich in dieser Rücksicht der Offenbarung, wenn nur die Dokumente für ihre Aechtheit bewährt sind, unterwerfen.

Parmenides.

Paradox, ungemein paradox.

Xenophanes.

Ich finde hier nicht das geringste schwierige, und wundre mich bey den zahllosen Versuchen Vernunfterkenntnis und Offenbahrung zu vereinigen, diese Saite so wenig berührt zu finden. Einmal, mein Freund, kennen wir ja doch die Natur der Dinge an sich, gar nicht, für übersinnliche haben wir nicht einmal Organen, Wahrheit für uns kan also in keinem Falle Uebereinstimmung des Begriffes mit dem Gegenstande seyn. Wenn es nun für uns nicht möglich ist, das wirkliche Wesen der übersinnlichen Dinge zu erkennen, wenn es nichts destoweniger Bedürfnis für uns bleibt, uns einen Begrif derselben zu machen, wenn unsre Vernunft nicht so gebildet werden konnte, daß sie von selbst den Begrif derselben unfehlbar treffe, welcher für die Endzwecke des Menschen der vortheilhafteste ist; so ist es ja ungemein wohlthätig, wenn die Gottheit ihm die Vorstellungsarten offenbart, welche für ihn die heilsamsten sind. So z. B. die Gottheit selbst ist ein Gegenstand, von welchem wir, das sagt die heilige Schrift, nie einen Begrif bilden können, der ihm entspräche; mithin kann sie selbst uns keinen solchen von sich offenbahren. Allein nichts destoweniger ist es für den Menschen
Be-

Bedürfniß, sich die Gottheit auf irgend eine Art vorzustellen, da er einmal auf einer so hohen Stufe steht, um ihr Daseyn zu schließen. Nun ist unter allen Begriffen der Gottheit, die der Mensch fassen kann, nur einer, welcher seiner jetzigen Bestimmung ganz angemessen ist; der Vernunft ist zu viel Willkühr überlassen, um ohne Ausnahme, diesen Begrif zu finden, und ihm treu zu bleiben; warum sollte die Gottheit also nicht erklären können: Mensch, du wirst am glücklichsten seyn, wenn du mich dir auf diese Art vorstellest. Die Vernunft wird dadurch in ihrer Thätigkeit im geringsten nicht gehemmt. Sie kann alle mögliche Arten sich Gottheit zu denken versuchen, allein, so gewiß sie überzeugt seyn muß, daß keiner dieser Begriffe dem Gegenstande wirklich entspricht, sogern wird sie die Vorstellungsart, die ihr die Gottheit darbiethen läßt, in sich befestigen, und mit allen ihren Empfindungen und Willensregungen vergesellschaften. Und so wäre denn die Idee nicht so widersinnig, daß die Gottheit etwas zu glauben befehle, und dem Menschen also gewisse Glaubenspflichten obliegen können.

Parmenides.

Im Grunde heißt dieses alles nicht viel weniger als: die Gottheit kann uns täuschen, und das ist ihrer doch wohl unwürdig.

Xenophanes.

Täuschung ist etwas ganz andres. Wenn ich einem, der die wahre Natur eines Dinges faßen kann, eine Idee davon gebe, die ihm nicht entspricht, um ihn von der Wahrheit abzuführen, so ist dieß Täuschung. Wenn aber einer die wirkliche Natur eines Dinges nicht faßen kann, es aber dennoch Bedürfnis für ihn ist, sich eine Vorstellung davon zu machen, um sich die Art ihrer Thätigkeiten und Wirkungen auf einige Weise zu erklären, so ist es keineswegs Täuschung, wenn ich ihm einen Begrif von derselben gebe, der zwar freylich sie selbst nicht darstellet, wie sie ist, aber dennoch hinreichend ist, um ihn zu befriedigen, und ihm besonders sein Verhältnis gegen dieselbe zu zeigen. Wenn dieses täuschen heißt, und wenn solche Offenbahrungen der Gottheit unwürdig sind, so war es ihrer überhaupt unwürdig, Geister zu schaffen, welche die Welt — nur in ihren Vorstellungen, also nicht objektiv wahr erkennen, so betrog sie uns, indem sie uns durch Sinne empfinden, und durch Vernunft denken ließ.

Par-

Parmenides.

Eine bequeme Methode, das Feld der Vernunfterkenntnis, und Offenbahrung zu sichern. — Doch nun zu unserm Spinoza. Ich gestehe dir, von ihm selbst habe ich keine Zeile gelesen, und die Schriften von Baile[1]), Bredenburg[2]), Fenelon[3]), Lami[4]), Isaak Orobio[5]), Boullainvilliers[6]), Jariges[7]), Wolf[8]), u. a. haben mir keinen zusammenhängenden Begrif des Systems geben können, mit dem ich mich auch nur einstweilen hätte vertragen können. Es herrscht, wenn man ihnen trauen darf, so viel

1) Im Wörterbuche unter dem Nahmen Spinoza.
2) Ioh. Bredenburgii Enarratio tractatus theologico-politici vna cum demonstrat. geometr. ord. dispos. naturam non esse deum.
3) Extrait d'une lettre de Monseigneur de Fenelon sur la refutation de Spinoza, beym Boullainvilliers S. 376.
4) Refutation du systême de Spinoza par Fr. Lami à Paris 1696. beym Boullainvilliers. S. 321.
5) Isaac Orobio Certamen philos. propugnatae veritatis diuinae ac naturalis. Amstel. 1703. beym Boullainv. S. 387.
6) Refutation de Spinoza, a Bruxelles 1731.
7) In Hißmanns Magazin. 3. B.
8) Im Anhange zur deutschen Uebersetzung der Ethik des Spinoza.

Willkühr, Abgebrochenheit, Widerspruch, und, soll ich es deutsch heraussagen, jezuweilen wahrhaftig soviel Sinnlosigkeit darinn, als ich in keinem philosophischen Systeme gefunden habe. Die neuesten, welche ich darüber gelesen habe, sind Mendelssohn [9]) und Herder [10]), und ich kann nicht leugnen, sie haben mich angezogen, ich bin überzeugt, wenn Spinoza wieder aufstünde, er würde dankbar die Belehrungen beyder Weltweisen annehmen.

Xenophanes.

Das wollen wir versuchen, indem wir seinen Schatten in seinen Schriften beschwören. — Hast du Jakobi [11]), Wizenmann [12]), Rehberg [13]), nicht gelesen?

Parmenides.

Nein; man hat mir diese Männer bald zu verführerisch bald zu dunkel geschildert, als daß ich es gewagt hätte.

Xeno-

---

9) In den Morgenstunden.
10) In seinem Buche: Gott.
11) Jakobi Briefe über die Lehre des Spinoza.
12) Wizenmann Resultate der Jakobischen und Mendelssohnischen Philosophie.
13) Rehberg über das Verhältnis der Metaphysik zur Religion.

Xenophanes.

Solche Rücksichten hätten dich nicht abhalten sollen. Um den Spinozismus aus seinem wahren Gesichtspunkte zu fassen, darf man nächst Spinoza selbst nur diese drey Männer lesen. Besonders webt in Jakobis Briefe an Hemsterhuis der reine unverhüllte Geist jenes Weltweisen [14]).

Parmenides.

Und doch nahm in jenem berühmten Streite zwischen ihm und Mendelssohn fast alles gegen ihn Parthey?

Parmenides.

Gegen den Strom läßt sich nicht gut schwimmen, das wußten alle die Herrn sehr wohl, die ununtersuchter Sache auf diesen Mann losstürmten. Allein, die Wahrheit durchbricht endlich die Nebel, das Sieden der Leidenschaft legt sich, und man wünscht dann nicht selten Schritte und Worte zurück, die man sich erlaubt hatte. — Wie verdrehte man nicht damals jedes Wort von Jakobi, wie misdeutete man jede seiner Absichten! — Wenn er gesagt hatte, Lessing sey Atheist ge-

---

14) Ich selbst verdanke diesem verehrungswürdigen Manne, außer den Belehrungen in seinen Werken, auch noch schriftliche Aufklärungen über den Spinozism.

gewesen, so vergaß man, daß er nach seinem Systeme doch einen Gott glauben konnte, wenn ihn auch Vernunftbeweiße nicht dahin führten. — Wenn Jakobi sagte, Lessing habe das Spinozistische System für das einzige konsequente System der Metaphysik gehalten, so beschuldigte man ihn, er stelle ihn als einen Heuchler dar, weil er einem vertrauten Freunde kein Wort davon gesagt hatte, dessen größtes Glück in seiner Ueberzeugung von der Leibnizisch- Wolfischen bestand. — Wenn man endlich Lessingen durch Jakobi für einen Gotteslästerer erklärt glaubte, vergaß man wieder, daß alle Spöttereyen des großen Mannes nur einen Begriff von Gottheit betrafen, den er selbst nicht annahm, also, nach seiner Ueberzeugung betrachtet, keine Gotteslästerungen waren. — Am meisten hatte sich Jakobi dadurch geschadet, daß er den Satz gewagt hatte: Spinozismus ist Atheismus, der meiner Ueberzeugung nach nichts weiter heißt, als: nach Spinozas Systeme giebt es keinen Gott, dessen höchste Kraft Verstand und Wille ist; keinesweges aber: es giebt keinen Gott, keine Ursache der Welterscheinungen überhaupt. Wie wir gesehn haben, kann man sich einen sehr erhabenen Begrif der Gottheit bilden, ohne die Denkkraft zum Ersten

in

in ihrem Wesen zu machen. Allein das sonderbarste bey dieser ganzen Fehde bleibt mir immer noch, daß eben die, welche Lessingen zu einem Heuchler herabgewürdigt glaubten, wenn er nicht aller Welt entgegen schrie, welchem metaphysischen Systeme er zugethan sey, und gegen einen Freund diese Ueberzeugung zurückhielt, um ihn nicht zu beunruhigen, daß eben diese gar nicht anstunden, laut zu erklären: er habe Jakobi ein wenig zum Besten gehabt, und um sich eine Lust mit ihm zu machen, die Rolle des Spinozisten gespielt. Der Lessing, welcher Spinozist war, und es nur gegen die äusserte, die es auch waren, gegen alle andere verheelte, bleibt mir immer ehrwürdig; jener aber, welcher, ohne Spinozist zu seyn, die Rolle eines solchen spielt, um eines jungen Mannes zu spotten, der eben in der Periode von Drang und Kampfe der Ueberzeugung und des Zweifels steht, die jeder denkende Kopf einmal erleben muß, und voll Zuversicht sich ihm in die Arme wirft, der ist mir ein verabscheuungswürdiger Heuchler, ein loser Bube, der die heiligsten Pflichten der Menschheit in ein Possenspiel verwandelt. Allein ich ehre Lessings Asche zu sehr, um seine Aeusserungen gegen Jakobi so zu erklären; lieber wollte ich ihn für ei-

ven Spinozisten, lieber für einen Atheisten
halten. —

Parmenides.

Mendelsohns Hauptidee bey seiner Behandlung des Spinozismus ist, so weit ich ihn fasse: Spinozas System kommt, wenn man einige unwesentliche Stücke wegschneidet, andre etwas mildert, anders richtet, mit dem Leibnizisch-Wolfischen völlig überein. Und mich dünkt, wenn die Idee, welche er vom Spinozism giebt, wahr ist, so hat er diesen Satz mit einer Feinheit ausgeführt, der sich nichts entgegenstellen läßt; so wie es mir auch sehr wahrscheinlich ist, daß Leibniz den Grund seiner prästabilirten Harmonie aus dem Spinoza entlehnt hat, wie ebenderselbe schon vor vielen Jahren gezeigt hat.¹)

Xenophanes.

Freylich hat Mendelsohn das behauptet, und mit eine Zuversicht behauptet, daß man genug für Leibnizens Ehre zu thun glaubt, wenn man seinen Diebstahl mit einigen lahmen Entschuldigungen bemäntelt. Allein ich glaube, dieser Weltweise hat sich hierinn eben sowohl geirrt, als der, welcher es lange vor ihm behauptete.

Par-

---

1) Mendelsohns philosophische Schriften I. B. S. 199.

Parmenides.

War denn Mendelssohn nicht der erste, der dies bemerkte?

Xenophanes.

Ich weiß nicht, ob er es selbst gewußt hat; daß dieß vorlängst geschehen war. Denken sollte ich fast, daß er, der sich so sehr für Wolfens Philosophie interessirte, aus Neugier einmal Joachim Langens Buch gegen Wolfen (Modesta disquisitio noui philos. systematis.) durchblättert habe.[1]). Lange, welcher alles mögliche aufsuchte, um die Leibnizische Philosophie als gefährlich vorzustellen, glaubte sie mit einem Schlage niederzustürzen, wenn er nur bewieße, daß sie aus dem Spinozismus abstamme. Man höre, wie ärgerlich, nach seinem Urtheile, er die vorher bestimmte Harmonie definirt:[2]). harmonia de commercio inter animam et corpus praestabilita, est chimaera, quae a pseudophilosophia Stoica et Cartesiana, nec non a Spinoziana, est formata, ab illustri autem Leib-

---

[1]) Modesta disquisitio noui philosophiae systematis de deo mundo et homine et praesertim de harmonia praestabilita. Halae Sax. MDCCXXIII.

[2]) S. 127.

Leibnitio adoptata, et per lusum ingenii pigmentis pseudometaphysicis exornata, chimaera biformis, cuius centrum et peripheria omnis, sublata omni veri nominis libertate, est in fato physico, et quae absurditate sua semet ipsam destruit und S. 138. folgt nun der umständliche Beweis des Satzes: systema Leibnitii de harmonia commercii inter animam et corpus praestabilita cum systemate Spinozae, salua vtriusque diuersitate aliqua, ea habet communia, vt pro adoptato pseudophilosophiae Spinozianae foetu haberi possit, und Lange führt alle Stellen aus Spinoza an, welche Moses neuerlich wieder aufgestellt hat, um Leibnizen die erste Idee einer prästabilirten Harmonie streitig zu machen. Besonders pocht auch Lange auf die Stelle: nec corpus mentem ad cogitandum, nec mens corpus ad motum neque ad quietem, neque ad aliquid, si quid est aliud, determinare potest. Ethic. Part. III. Prop. II. p. 97. und ebendas. in demonstrat. corporis motus et quies alio oriri debuit corpore, quod etiam ad motum vel quietem determinatum fuit ab alio. Item: Corpus motum, vel quiescens, ad motum vel quietem determinari debuit ab alio corpore,
quod

quod etiam ad motum vel quietem determinatum fuit ab alio, et illud iterum ab alio, et sic in infinitum. Eth. P. II. prop. 13. lemm. 3. p. 54. — Manifestum est, ruft Lange aus, hic adesse hypothesin Leibnitii etc. Allein die ganze Deduktion beruht auf einer oberflächlichen Kenntniß des Systems, und es ist keiner zu beneiden, der sich damit bereichert hat. Wir mögen die prästabilirte Harmonie nach dem Systeme des Dualism oder nach der Monadologie verstehn, Spinoza kann sie in keinem Falle vorbereitet haben.

Parmenides.

Du sprichst von einer doppelten Art, die Harmonie zu verstehen? wie das?

Xenophanes.

Anfangs war Leibniz unstreitig Dualist; er nahm Materie und Geist, als zwey entgegengesezte unvereinbare Dinge an, und diese völlige Heterogeneität von beyden vermochte ihn, das gemeinschaftliche Wirken der Geister und Körper durch eine vorherbestimmte Harmonie zu erklären. Späterhin erfand er das System der Monadologie, und nach diesem war es nun nicht mehr die Frage vom Wirken der Materie auf den Geist, und des Geistes auf die Materie, sondern vom Wirken einfacher Kräfte auf einfache Kräfte. Allein

lein es blieb immer dieselbe Schwierigkeit. Keine einfache Kraft kann nach ihm durch eine andre in ihrem innern Wesen geändert werden; jede hat den Grund ihrer Bestimmungen in sich selbst; es bedurfte also immer noch einer Harmonie. Allein wenn auch im Spinoza die Säze vorkommen: nec corpus mentem ad cogitandum, nec mens corpus ad motum neque ad quietem neque ad aliud determinare potest u. a. so haben sie doch bey ihm einen ganz andern Sinn als bey Leibniz, und können im geringsten nicht auf prästabilirte Harmonie hinführen. Materie und Gedanke sind ja nach Spinoza im strengsten Sinne des Wortes eines und dasselbe Ding, und zwar nicht durch schöpferische Verbindung, sondern von Ewigkeit her.

Parmenides.

Aber, was in aller Welt sollen denn jene Säze heißen?

Xenophanes.

Was sonst, als: der Leib bestimmt die Seele nicht zum Denken, die Seele den Leib weder zur Bewegung noch zur Ruhe; denn Leib und Seele, oder, der Leib und sein Begrif sind nicht zwey verschiedene Dinge, sondern eines und dasselbe. Die Gottheit entwickelt aus sich die Weisen der

Kör-

Körperwelt, und ihre Begriffe und die Begriffe von diesen Begriffen. Die Erscheinungen also sind es nicht, die die Vorstellungen bewirken, das heißt, die Seele muß nicht leidentlich Vorstellungen bilden, bilden, weil eben jetzt Gegenstände auf sie wirken, sondern in Gott ist von jedem materiellen Gegenstande, und jeder Veränderung und jedem Zustande desselben eben so nothwendig ein Ideenbild, als der Gegenstand selbst.

Parmenides.

Freylich auf diese Art kann bey Spinoza gar kein Gedanke von prästabilirter Harmonie Statt finden, weil es nach ihm keine Dinge giebt, die erst hätten in Harmonie gesezt werden müssen, keine schroff von einander abstehenden Dinge, Materie nnd Geist, — keine Unendlichkeit einfacher Substanzen. — Aber wie ists möglich, daß man der Welt solche Behauptungen mit so vieler Zuversicht aufdringen kann?

Xenophanes.

Wie es bey Langen möglich war, liegt am Tage. — Allein auch Moses kannte den Spinozism nur aus Kompendien, oder hatte Spinozas Schriften nur flüchtig gelesen. Da er also die Säze: nec corpus mentem u. s. w.

außer

außer dem Zusammenhange des Ganzen las, so konnte er leicht Aehnlichkeit mit den Grundsätzen finden, auf welche Leibniz seine Harmonie baute. Allein er hätte bedenken sollen, daß Leibniz scharfsinnig genug war, um eine solche Idee selbst zu erfinden, und zu redlich, um nicht den Erfinder zu nennen, dem er sie abgeborgt hatte, wenn dieses wirklich der Fall gewesen wäre. Allein, was sezt man nicht aus den Augen, wenn es darauf ankommt, sich selbst als den Urheber einer Entdeckung zu zeigen!

Parmenides.

Und es giebt so viele Leibnitzianer, wenigstens so viele, die alle ihre Urtheile mit Leibnizens Nahmen stempeln, und keiner hat dieß gerügt?

Xenophanes.

In unsern Zeiten keiner. Man fährt freylich besser, wenn man einem berühmten Lebenden nachbetet, als wenn man einen verkannten großen Mann rettet. Allein zu Langens Zeiten ist der Irrthum gerügt worden. Wolf selbst, dieser große Denker, der freylich unsre philosophischen Genien anekelt, aber doch überall hell sah, und tief eindrang, Wolf zeigte sehr bald, daß man eben sowohl aus Feuer Wasser herleiten kann,

kann, als aus Spinoza Leibnizens Harmonie¹). Höre seine Worte, sie sind wichtig, und zeigen besonders, wie scharf dieser Mann Spinozas System gefaßt hatte. Die Parallele besonders zwischen den Systemen beyder Männer ist meisterhaft:²) *Spinoza non admittit duplicem substantiam, adeoque nullum statuit inter mentem et corpus commercium, consequenter iuxta ipsius hypothesin vana quaestio: quomodo commercium illud obtineatur, seu quaenam sit eius caussa.* *Substantia cogitans et substantia extensa vna eademque est substantia, quae iam sub hoc iam sub illo attributo comprehenditur. Sic etiam modus extensionis et idea illius modi vna eademque res est, sed duobus modis expressa.*³) Ipsa haec Spinozae verba sunt, quae recito. *Vide itaque, quam absonum sit, systema harmoniae praestabilitae in Spinosa quaerere, qui nullo prorsus opus habet, cum in ipsius hypothesi nullus sit*

---

1) in f. B. de differentia nexus rerum sapientis et fatalis necessitatis nec non systematis harmoniae praestabilitae et hypothesium Spinozae. Hal. Magdeb. 1724.

2) im angeführten B. S. 63. 64. 65.

3) Eth. Part. 2 Prop. 7. Schol. p. 46.

G

fit commercio inter mentem et corpus locus. Qui interrogant, num fyftema harmoniae praeftabilitae hypothefibus Spinozae conueniat, fimiles funt interroganti, num fyftema influxus phyfici contineatur in Hobbefio, qui tanquam Materialifta folam fubftantiam corpoream admittit, mentis exiftentiam negat. Sed audiamus Spinozae verba, quibus fucus fieri debet fyftema ipfius ignorantibus, quafi is eadem doceret, quae in fyftemate harmoniae praeftabilitae inculcantur. Obftupefces adduci verba, quae contradictoria eidem fyftemati palam eloquuntur, nimirum, quod Spinoza, *Mens et corpus*, ait, *vna eademque res eft, quae iam fub cogitationis, iam fub extenfionis attributo concipitur. Vnde fit, vt ordo, fiue rerum concatenatio vna fit, fiue natura fub hoc, fibi fub illo attributo concipiatur, confequenter, vt ordo actionum et paffionum corporis noftri fimul fit natura cum ordine actionum et paffionum mentis.*

Dicit *Spinoza*, mentem et corpus effe vnam eandemque rem, cogitationem et extenfionem effe diuerfos eandem rem repraefentandi modos.

Leib-

Leibnitius docet, mentem et corpus esse duas substantias a se inuicem realiter diuersas, cogitationem et extensionem esse attributa diuersarum substantiarum.

Spinoza affirmat, seriem perceptionum et seriem motuum esse vnam eandemque concatenationem, nec differre realiter, sed nostro tantum concipiendi modo, vtpote, non nisi eandem vnius substantiae modificationem.

Leibnitius statuit, series perceptionum in mente vi diuersa produci a serie motuum in corpore, secundum leges prorsus diuersas, et modificationes mentis diuersas prorsus esse a modificationibus corporis.

Spinoza asserit, seriem perceptionum et seriem motuum esse simul *natura*.

Secundum *Leibnitium* tantum sunt simul *tempore*.

Sed taedet plura eam in rem afferre, cum satis superque manifestum sit, desiderari in hac obiectione candorem. Quis enim dixerit, duos idem sentire, quorum alter res duas a se inuicem diuersas inter se consentire statuit in actionibus atque passionibus suis, alter vero affirmat, quae instar rerum duarum

rum inter se diuersarum considerentur, non esse nisi vnam eandemque rem? Hoc tamen non obstante, vlterius ex Spinoza vrgentur haec verba: *Ordo et connexio idearum idem est ac ordo et connexio rerum et vice versa ordo et connexio rerum idem est ac ordo et connexio idearum. Quare ficut ordo et connexio idearum in mente fit fecundum ordinem et concatenationem affectionum corporis; sic vice versa ordo et connexio affectionum corporis fit, prout cogitationes rerumque ideae ordinantur et concatenantur in mente* [1]). Mens et corpus Spinozae vna eadem res sunt: quid igitur mirum, quod eaedem quoque iuxta ipsum sint vtriusque affectiones. Immo mentem humanam et corpus hominis ne quidem pro peculiari substantia habet Spinoza, sed pro modo aliquo vnicae, quam admittit, et dei nomine insignit, substantiae venditat.

Mich wundert, daß man nicht auch gesagt hat, Leibniz habe die Monabologie aus dem Spinoza genommen.

Parmenides.

Dazu hätte nun wohl auch nicht einmal ein Misverständnis Anlaß geben können.

1) Eth. P. 4. p. I. p. 237.

Xenophanes.

Gewiß eben so gut, als zu jener Behauptung. Denn nach Spinoza ist ja alles beseelt, der Gräshalm und das Staubkorn sowohl, als der Mensch. Die hieher gehörige wichtige Stelle, welche man ganz übersehen zu haben scheint, befindet sich im 2. B. d. Eth. in der Anm. zu d. 13, S. Ex his intelligimus, non tantum mentem humanam vnitam esse corpori; sed etiam, quid per mentis et corporis vnionem intelligendum sit. Verum ipsam adaequate siue distincte intelligere nemo poterit, nisi prius nostri corporis naturam adaequate cognoscat. Iam ea, quae hucusque ostendimus, admodum communia sunt, nec magis ad homines quam ad *reliqua indiuidua* pertinent, *quae omnia quamuis diversis gradibus, animata tamen sunt.* Nam cuiuscunque rei datur necessario in deo idea, cuius deus est caussa, eodem modo, ac humani corporis idea, atque adeo, quidquid de idea humani corporis diximus, id de cuiuscunque rei idea necessario dicendum est. Scheint das nicht Monadologie zu seyn?— Allein eben so wenig als Spinoza auf prästabilirte Harmonie gerathen kann, wenn er auch annimmt, daß die Ideenreihen der denkenden Substanz den

Bestimmungen und Zuständen der Materie genau entsprechen, ohne daß die einen auf die andern wirken; eben so wenig kann er die Monadologie annehmen, wenn auch gleich nach ihm alles beseelt ist. Denn alle diese Seelen des Spinoza sind nicht mehrere besondere Wesen, sondern nur eines.

Parmenides.

In diesem allen muß ich dir beypflichten, und ich sehe nun schon wenig Möglichkeit vor mir, den Spinozismus auf Leibnizens System zurückzuführen. Fast scheint mir das Gegentheil nothwendig.

Xenophanes.

Wenn es dir gefällt, so machen wir diese Untersuchung zu einem Gegenstande unsrer nächsten Unterhaltung. Du verlierst auf keinen Fall dabey. Vielmehr erscheint die wahre Vorstellungsart eines Systems in vorzüglich hellem Lichte, wenn man sie mit einer falschen kontrastiren läßt.

Xenophanes.

Vor allen Dingen laß uns, mein Freund, den Standpunkt fassen, aus welchen man Spinozas System ansehen muß. Laß uns festsetzen,

von

von wo er ausgieng und worauf er hingieng; denn sonst können wir schlechterdings den Weg nicht beurtheilen, welchen er nahm. Die meisten Widerleger Spinozas scheinen dieß für eine sehr überflüßige Sache gehalten zu haben. Sie kehren blos die kosmologische Seite seines Systems heraus, und das wichtigste daran stellen sie in ein gleichgültiges Dunkel. So entwickelt man es in den akademischen Vorlesungen der Metaphysik gemeiniglich mitten in der ganzen Folge von Systemen des Des Cartes, Verkeley, Malebranche, Leibniz, da es doch fast mit keinem dieser Systeme in Parallele gesetzt werden kann, sondern weit hinaus nach allen diesen, an der äußersten Gränze der metaphysischen Untersuchungen liegt. Spinozas Hauptzweck war nicht, die allgemeinen Gesetze der Natur auszuspähen, das innre Wesen der Körper und Geister zu enthüllen, nein, er wollte vorzüglich die Entstehung der Dinge in Rücksicht auf den Schöpfer erklären, das Verhältnis der Geschöpfe gegen den Urheber angeben. Ein nothwendiges Wesen, eine Gottheit war seine evidenteste Idee; rings um sich sah er Dinge, die in einem beständigen Wechsel von Veränderungen fortdauerten, und von ihrem Daseyn und Wesen selbst keine Rechenschaft geben konnten: wie verhalhalten sich diese gegen jenes, wie sind sie wirklich geworden, wie dauern sie fort, wie sind sie von ihm unterschieden, das waren die Hauptfragen, welche diesen Denker zur Untersuchung anspornten. Kein System that ihm hierinn genug; in den meisten fand er gar keinen Aufschluß, und die Aufschlüsse der übrigen schienen ihm widersinnig; Schöpfung aus nichts, Anfang der Zeit konnt' er gar nicht denken, und so gieng er zu seinem Systeme über. Wolf sah dieß sehr wohl ein: Die Spinozisterey, sagt er, ist entsprungen aus der Unmöglichkeit der Schöpfung, verbunden mit den Grundsätzen der kartesischen Weltweisheit, und zwar durch den Misbrauch des Kennzeichens der Wahrheit, welches in dieser Weltweisheit festgesetzt ist. Daher muß derjenige, welcher die Spinozisterey umstürzen will, entweder die Wirklichkeit des Begriffes einer erschaffenden Kraft erweisen, oder er muß zeigen, daß in Des Cartes Grundsätzen solche Dinge enthalten seyen, welche der Wahrheit entgegen sind.[1]) Auch Jakobi gieng

[1]) Wolf in der Widerlegung des Spinoza S. 19. im Anhange der deutschen Uebersetzung der Ethik. Frankf. und Leipzig, 1744.

gieng von diesem Gesichtspunkte aus:¹) Das, was die Philosophie des Spinoza von jeder andern unterscheidet, sagt er, was ihre Seele ausmacht, ist dieses, daß der bekannte Grundsatz gigni de nihilo nihil, in nihilum nil posse reuerti, mit der äußersten Strenge darinn festgehalten, und ausgeführt ist. Wenn er allen Anfang von irgend einer Handlung geleugnet, und das System der Endursachen, als die größte Verrückung des menschlichen Verstandes angesehn hat, so ist es nur zufolge dieses Grundsatzes. ²)

Parmenides.

Ich habe diesen Gesichtspunkt sehr wohl gefaßt, und kann mir denken, wie schwer der Gedanke einer Schöpfung aus Nichts in einem Kopfe haften kann, welcher alles erklärt wissen will. Allein zugegeben, daß Spinoza durch seine Lehrsätze diesem Dogma ausgewichen ist, so verliert doch sein System sehr viel von seinem

---

1) Briefe über die Lehre des Spinoza. S. 14. 59. auch S. 107.

2) Tiefgedachte Ideen über die Entstehung des Spinozism befinden sich im Aufsatze eines Ungenannten im grauen Ungeheuer, vom J. 1787. N. 29. S. 132.

Gewicht, wenn man zeigen kann: 1) daß es auf falschen Begriffen beruht; 2) daß es die wichtigsten Erscheinungen der Körper- und Geisterwelt im mindesten nicht erklärt. 3) daß es in der Hauptsache nicht mehr befriedigt, als Schöpfung aus Nichts. Und das, dünkt mich, hat doch Moses mit vielen Scharfsinn bewiesen. Ueberall verwechselt Spinoza: selbständig seyn und: für sich bestehn, formirt sich nach Belieben einen Begrif von Substanz, um aus diesem seine Hypothesen erweisen zu können, erklärt nichts von allen Phänomenen der Güte und Vollkommenheit, allen Gefühlen der Lust und Unlust, des Schmerzes und des Vergnügens in den belebten Geschöpfen, nichts von der Form und den Bewegungen der Körperwelt; verwechselt endlich offenbar das Unendliche der Kraft nach, mit dem Unendlichen der Ausbreitung nach), und die Forderungen, welche Moses in dieser Rücksicht thut, sind so gerecht, daß sein System nicht einmal den Namen eines Systems verdient, wenn es Ihnen nicht Genüge leistet?

Xenophanes.

Ich sehe, ich habe einen hitzigen Gegner vor mir, dem es gleich anfangs auf einen Generalsturm nicht ankommt. Laß uns die

Sache

Sache lieber ruhig und nach und nach auseinander setzen.

Du fängst, wie alle Gegner Spinozas mit dem Begriffe Substanz an, Spinoza soll sich ihn willkührlich gebildet haben, um daraus sein System herzuleiten. Ich muß sagen, ich verstehe den ganzen Einwurf noch nicht recht.

Parmenides.

Der sollte dir doch nicht dunkel seyn. Spinoza legt seinem Systeme eine Definition von Substanz zum Grunde, nach welcher es ein Wesen ist, welches durch sich besteht, und keines andern zu seiner Wirklichkeit bedarf. Ein solches ist freylich nur das unendliche, nothwendige, und auch wir legen eine solche Substantialität keinem endlichen zufälligen Wesen bey. Eine Substanz ist ein Ding, welches blos für sich besteht, d. h. welches zwar in seinem Daseyn abhängig, aber doch als ein von dem unendlichen abgesondertes Wesen vorhanden ist. Indem nun Spinoza von einem so eigenmächtigen Begriffe ausgieng, ist es kein Wunder daß er seine Sätze erwies, allein im Grunde erschlich er sie doch nur. Wir unterscheiden sorgfältig Selbstständigkeit und Fürsichbestehn, wir behaupten, es lassen sich Wesen denken, die nicht blos als

Modi-

Modifikationen eines andern Wesens bestehen, sondern ihre eigene Beständheit haben, und selbst modificirt sind. Eine Substantialität von dieser zweyten Gattung glauben wir mit Recht auch endlichen und zufälligen Wesen zuschreiben zu können. Alles, was Spinoza also mit geometrischer Schärfe aus seiner Erklärung der Substanz herleitet, können wir wohl gelten lassen, aber nur von dem selbstständigen Wesen, dem allein Unendlichkeit der Kraft nach und nothwendiges unabhängiges Daseyn zukommt, keinesweges aber von allen für sich bestehenden Dingen.

Xenophanes.

Sonach ist wohl der ganze Gang, den Spinoza zu seiner Hauptidee nahm, nichts besseres, als ein Stratagem, ein listiges Manöver, womit er seine sorglosen Schüler täuschen wollte? — Fast scheint es so. — Allein, wie dann, wenn man diesen Vorwurf gegen euch kehrte? wenn man zeigte, daß ihr selbst, indem ihr ihn wegen einer vernachläßigten Schuldefinition züchtigt, vor den Augen des Publikums eine Diversion machen wollt, um die Aufmerksamkeit von der Hauptsache abzulenken? daß ihr eure ganze Macht gegen einen armseligen Terminus wendet, anstatt die Gedanken selbst anzugreifen? — Und wo liegt denn der

große

große Unterschied zwischen der Bestimmung dieses Begriffs bey Spinoza und der bey andern Weltweisen? Sind sie nicht entweder ganz mit ihm einig, oder müssen doch auf seine Erklärung zurückkommen, wenn man ihre Gedanken weiter verfolgt? Die Scholastiker definirten die Substanz ens, quod per se subsistit et sustinet accidentia; die Selbstständigkeit einer Substanz schränkten sie so ein, quod non sit in alio, tanquam in subiecto; denn die essentialia, welche das Subjekt ausmachen, sagten sie, existirten non praesuppositis aliis, da hingegen die attributa und modi, non nisi praesuppositis aliis gedacht werden könnten.¹) Allein man darf nur eine weitere Erklärung der Ausdrücke, esse in alio tanquam in subiecto, und existere non praesupposito alio, verlan-

---

1) S. Clauberg. Metaph. de ente, §. 44. Wolf Ontol. §. 773. Man findet bey diesen Männern die Idee der Scholastiker entwickelt. Ich erinnere dieses, um jedem Mißverständnisse vorzubeugen. Denn bey Gelegenheit meiner ersten Schrift über den Spinozism: Animadversiones in Mosis Mendelii refutionem placitorum Spinozae, Lips. 1786. wo ich eben diese Citaten beyfügte, beschuldigte mich zu meiner großen Verwunderung ein mir sehr schätzbarer Recensent in der Jenaischen Zeitung: ich hätte Clauberg unter die Scholastiker gezählt.

verlangen, um zu sehen, daß durch diese Definitionen entweder gar nichts gesagt wird, oder die Substanzen zu schlechterdings nothwendigen Wesen gemacht werden; denn das esse in alio, tanquam in subiecto, esse praesupposito alio bezieht sich entweder auf das Verhältniß einer Ursache zur Wirkung oder eines Theils zum Ganzen. Von welchem Wesen aber, das mir die Erfahrung giebt, kann ich sagen, es sey die Wirkung keiner Ursache, oder kein Theil eines Ganzen? — Des Cartes sagte: substantia est res, quae ita existit, ut nulla alia re indigeat ad existendum; da nun aber dieser Begriff blos auf die Gottheit paßte, so half er sich so: substantia, quae nulla re plane indigeat, unica tantum potest intelligi, nempe deus; alias vero omnes non nisi ope concursus dei existere posse percipimus, atque ideo nomen substantiae non convenit deo et illis univoce, hoc est, nulla eius nominis significatio potest distincte intelligi, quae deo et creaturis sit communis. Wozu brauchen wir denn aber auch eine gemeinschaftliche Benennung für Dinge, die in Rücksicht auf die Art ihres Daseyns ganz verschieden sind? Wenn ich Wesen von einem bedingten Daseyn Substanzen nenne, so darf ich doch

das

das nothwendige Wesen nicht auch so nennen? — Allein das alles ist leerer Wortstreit. Spinoza'n war es eben so wenig bey seiner Ethik darum zu thun, jemanden durch eine Definition zu berücken, als es überhaupt sein Zweck nicht war, andre von seinen Ideen zu überreden. Er gieng vom höchsten Vernunftbegriffe aus, dem eines nothwendigen Wesens, und dieses nannte er Substanz. Sein Ideengang hierbey ist der sicherste, den nur der menschliche Geist nehmen kann, und ich kann mich nicht entbrechen, dir zu erklären, wie ich mir vorstelle, daß Spinoza darauf kam, von diesem Begriffe auszugehn. Kaum gelingt es einem, ihm zu folgen, wenn man seine trockenen Sätze liest; allein, ein großer Geist, wie er, rechnete auch gewiß darauf, daß man den Quellen seiner Ideen nachspähte. Insgemein sagt man; Spinoza habe sich hinter die mathematische Methode versteckt, um desto schlauer mit seinen sonderbaren Meynungen zu täuschen. Allein ich bin fest überzeugt, daß er sich in den meisten Fällen dadurch geschadet hat. Wenn er, anstatt das Resultat eines langen Nachdenkens in einer kurzen Definition vorzulegen, und die analytische Ableitung davon dem eignen Nachdenken seiner Leser zu überlassen, vielmehr seinen Ideengang sich selbst vor unsern Au-

gen

gen hätte entwickeln laſſen, wenn er geſchrieben hätte in der Situation der Betrachtung ſelbſt, wie Des Cartes in ſeinen intereſſanten Selbſtgeſprächen über Gott, Welt und Seele; ſo würde ſeine Definition von Subſtanz die ſchiefen Beurtheilungen nicht erfahren haben, die wir faſt in allen Kritiken dieſes Syſtems antreffen. — —

Mit dem vorſtellenden Weſen, ſo ungefähr wird jeder denkende Kopf ſeine Betrachtung über das Daſeyn der Welt und der Gottheit anfangen, ſtrömen allaugenblicklich Erſcheinungen zu; einige davon ſcheinen ihren Grund in gewiſſen außer mir befindlichen Objekten zu haben, einige ſcheinen unmittelbar aus den Veränderungen meines Weſens ſelbſt zu entſpringen. Dadurch, daß ich in mir ſelbſt den Grund zu den meiſten meiner Beſtimmungen zu finden glaube, bild' ich nach und nach den Begriff eines individuellen, für ſich beſtehenden Dinges, eines Ganzen, und indem ich von vielen Dingen ihren weſentlichen Zuſammenhang nicht einſehe, trage ich jenen Begriff auf ſie über. So ſtellt mir die Erfahrung mich und die Dinge um mich her, als eine Menge Weſen vor, von denen jedes ſeine Individualität und Selbſtſtändigkeit hat. Innigſt in meine Natur verwebt iſt das Vermögen und der Trieb, von Wirkung zur Urſache aufzuſteigen,

steigen, für jede Erscheinung den zureichenden Grund zu finden. Das erste Anerkennen eines äußern Objekts war nichts anders, als eine Aeußerung davon; durch meine Organen entstand in meinem Geiste eine gewisse Veränderung, und ohne mein Wissen entwickelte sich die Ueberzeugung, daß gewisse Objekte mit mir im Verhältnisse stehen, von deren Einwirkung diese Veränderung die Folge ist.¹) So von meinem Wesen selbst gedrungen,

von

---

¹) Ich kann unmöglich Herrn Jakobi beystimmen, wenn er das Anerkennen äußerer Gegenstände für ganz unabhängig von jeder Operation des Verstandes, jeder Thätigkeit des Kaussalitätsgesetzes hält. „Der Ge„genstand, so sagt er in seinem Buche über Idealismus „und Realismus S. 63. trägt eben so viel zur Wahr„nehmung des Bewußtseyns bey, als das Bewußtseyn „zur Wahrnehmung des Gegenstandes. Ich erfahre, „daß ich bin, und daß etwas außer mir ist, in dem„selben untheilbarem Augenblicke; und in diesem Au„genblicke leidet meine Seele vom Gegenstande nicht „mehr, als sie von sich selbst leidet. Keine Vorstel„lung, kein Schluß vermittelt diese zwiefache Offen„barung. Nichts tritt in der Seele zwischen die „Wahrnehmung des Wirklichen außer ihr und des „Wirklichen in ihr. Vorstellungen sind noch nicht; „sie erscheinen erst hinten nach, als Schatten der „Dinge, welche gegenwärtig waren. Auch können „wir sie immer auf das Reale, wovon sie genommen

sind,

von Wirkung zur Ursache fortzugehen, wie kann ich, umringt von diesen zahllosen Erscheinungen, mich

„sind, und welches sie voraussetzen, zurückführen; „und wir müssen sie jedesmal darauf zurückführen, „wenn wir wissen wollen, ob sie wahr sind." Ferner auf der 64. und 65. Seite desselben Werks: „Fassen „Sie Ihr Wesen in dem Punkte einer einfachen Wahr-„nehmung zusammen, damit Sie ein für allemal inne, „und für Ihr ganzes Leben unerschütterlich überzeugt „werden: daß auch bey der allererſten und einfachſten „Wahrnehmung, das Ich und das Du, inneres Be-„wußtseyn und äußerlicher Gegenstand, sogleich in der „Seele da seyn muß; beydes in demselben Nu, dem-„selben untheilbaren Augenblicke, ohne irgend eine „Operation des Verstandes, ja ohne in diesem auch „nur von ferne die Erzeugung des Begriffs von Ur-„sache und Wirkung anzufangen." — Der tiefsinnige Verfasser erlaube mir einige Bemerkungen: 1) Er setzt voraus, daß Gefühl seiner selbst und Gefühl äußerer Wirklichkeit ganz zugleich entsteht; dieses scheint mir aller Erfahrung zu widersprechen. Selbstgefühl entsteht vor aller Gewahrnehmung eines äußern Gegen-standes, das Ich ist älter, denn jedes Du. Wollte man sagen: das Ich ist ja selbst zum Theil Gefühl äußerer Gegenstände; nämlich das Resultat der Zu-sammensetzung von Theilen und Kräften, woraus mein Wesen besteht; so möchte dieses wohl mehr spitz-findig, als wahr seyn; das ich entstehe durch so viel äußere Dinge, als man will; so entsteht es doch nicht

durch

mich der Frage enthalten: Woher sind diese Objekte? Sind sie zufällig oder nothwendig? enthalten

durch die Gewahrnehmung derselben. Wer dieses annähme, ließe das Ich wirken, ehe es entstanden ist. Für uns also enthält es, als Gefühl, nichts von äußerer Wirklichkeit. Mich dünkt, wir täuschen uns hier, wie in andern Fällen, dadurch, daß wir das ich als mutum quid instar picturae in tabula, (unt mit Spinoza zu reden,) als ein von der Seele losgerissenes, vollendetes Bild beobachten, und nicht als den regen Aktus der Seele selbst in iedem Augenblicke des Selbstgefühls, oder, daß wir den Begriff des Selbstgefühls, und den Begriff von diesem Begriffe mit dem eigentlichen wirklichen Selbstgefühle verwechseln. Freylich, wenn der Mensch von gereifter Vernunft das ich deutlich denkt, so muß er allezeit zugleich ein du denken; denn das ich wird erst von der Vernunft unterscheidend gedacht, wenn es mit einem du zusammengestellt werden kann. Allein nichts destoweniger ist das ich für sich von allem du, das Selbstgefühl von allem Gefühl äußerer Wirklichkeit unterschieden, und auf keinen Fall muß bey den allerersten und einfachsten Wahrnehmungen, das ich und das du, inneres Bewußtseyn und äußerer Gegenstand zugleich in der Seele da seyn, vielmehr scheint es mir auf keinem Falle möglich, daß beydes zugleich in demselben untheilbaren Augenblicke wirklich werde.

Denn wie sollte ich mir dieses denken? Der Aktus des Geistes bey Anerkennung seiner selbst, und äuße-

ten sie den Grund ihres Daseyns in sich, oder ist irgend ein anderes Wesen, welches sie hervor-
brach-

äuserer Wirklichkeit wäre doch zusammengesetzt. Denn die Richtung der Erkenntniskraft in sich und die außer sich sind zwey verschiedene Thätigkeiten, und, wie sehr ich auch beyde von einander abhängen lasse, so gehn sie dennoch successiv vor sich, die eine muß also immer eher beginnen, als die andre. — 2) Wenn das Selbstgefühl nun erwacht ist, und die Sinnen dem Spiele der Aussenwelt blos liegen, so beginnt das lebende Wesen, alle Eindrücke im Verhältnisse gegen sein Selbstgefühl zu schätzen. Schlechterdings mußte es früher ein festes Ich, ein begränztes Bewußtseyn seiner selbst (obwohl da noch blos im Gefühle,) haben, ehe es äußere von ihm selbst unterschiedene Dinge annehmen konnte. Bey dieser Anerkennung äußerer Dinge nun, bey dieser Unterscheidung eines du von dem ich, ist offenbar Gefühl von Verhältnis und Beziehung; wo dieses ist, da wirkt Verstand. Und nach welchem Gesetze mag nun der Verstand wohl wirken? Nach keinem andern, als dem der Kaussalität. Allein wird man sagen, dieses würde ja eben so gut erfüllt, wenn er die Ursache der Vorstellungen in sich setzte, und gar nicht an Aussenwelt dächte, was reizt das Gefühl gleichsam aus sich heraus? — Mich dünkt, das eigene Bewußseyn selbst. Dieses sagt dem Menschen sehr bald, was sich blos aus ihm selbst entwickelt, seinen Grund allein in ihm hat; denn es herrscht durch seine ganze Organisation.
Nun

brachte, und ihre Existenz fortsetzt? Zwo Fälle biethen sich mir zur Wahl an: entweder, diese Dinge

Nun stellt das innere Bewußtseyn dem aufkeimenden Menschen schlechterdings keinen Gegenstand dar, er lebt ganz im Gefühl und Bestreben und Verabscheuen, ohne doch diese Thätigkeiten zu Objekten seiner Vorstellkraft zu machen, die äußern Sinnen allein liefern ihm gleich anfangs Vorstellungen, Objekte, welche nicht mit seinem Ich so innig vereinbart, mit seinem Bewußtseyn so ganz verschmolzen sind, als die Gefühle und Regungen in seinem Innern, und so muß ja nothwendig das Gefühl äußerer Wirklichkeit entstehen. Wer alle diese Thätigkeiten leugnen wollte, müßte die Sache selbst leugnen, und wer sie nicht auf Rechnung des Verstandes schriebe, müßte eine andre Kraft annehmen, aus welcher er die dunkeln Gefühle von Beziehung, Verhältniß, zureichendem Grunde, u. s. w. erklärte, und ich sehe nicht ein, welche. Vielleicht ist es eines der verwirrendsten Vorurtheile in der Seelenlehre, daß man sich Verstand und Vernunft als Kräfte denkt, welche in unsrer Willkühr stehn, da sie doch im Grunde so leidentlich wirken, als das Gefühl. Beyde Kräfte sind Eigenthum der Natur, wirken an der Hand der Natur, und befolgen ihre Gesetze so streng im schnellsten Gefühle, als in der deutlichsten Ideenreihe.

Allein so wenig es mir möglich war, bey diesem Gegenstande mit Herrn Jakobi übereinzustimmen; so muß ich doch auf der andern Seite gestehn, daß die
Aus=

Dinge sind selbst nothwendig, oder, wenn sie nicht nothwendig sind, so ist außer ihnen ein nothwendiges Wesen, welches den Grund ihres Daseyns enthält. Welcher von beyden Sätzen auch der wahre sey, kein dritter findet nicht Statt, so ist so viel gewiß, daß ein nothwendiges Wesen ist; dieses seyen nun die Dinge selbst, oder etwas, das von ihnen ganz gesondert ist. — Mit der Festsetzung dieses Grundsatzes bin ich nun auf einmal dem Schauplatze der Erscheinungen entrückt, ich darf meinen

Ausdrücke: Glaube und Offenbahrung, deren er sich dabey bedient hat, mir mit Unrecht von so vielen Weltweisen getadelt zu seyn scheinen. Nämlich, inwiefern die Ueberzeugung, oder vielmehr das Annehmen äußerer Dinge durch die Thätigkeit eines ohne unser Bewußtseyn wirkenden Grundvermögens gebildet wird, dessen Wirkungen uns nur dann erst zugeschrieben werden können, wenn wir uns derselben bewußt sind, insofern kann er gewiß mit Recht sagen: durch den Glauben wir, daß wir einen Körper haben, und daß außer uns andre Körper und andre denkende Wesen vorhanden sind; und inwiefern jene bey allen belebten Geschöpfen anzutreffende Aeusserung desselVermögens die Folge einer transcendentalen, aller Erfahrnng vorhergehenden Einrichtung der Natur ist; kann er eben so richtig sagen: es sey eine wahrhaft wundervolle Offenbarung. Briefe über die Lehre des Spinoza, S. 163. 164.

nen Sinnen den Zugang verschließen, und nur darauf merken, was mir meine Vernunft von dem nothwendig daseyenden Wesen sagen kann. So viel weiß ich für jetzt: es ist durch sich; sein Begrif bedarf zu seinem Verständnisse nicht des Begriffes eines andern Dinges; denn er ist keine Wirkung, er ist die Ursache aller Wirkungen; die Bedingungen aller seiner Eigenschaften liegen nicht außer ihm, sondern in ihm, da hingegen bey jeder bewirkten Sache nicht nur der Grund ihres Daseyns, sondern auch der völlige zureichende Grund ihres Wesens, ihrer Bestandtheile, und Eigenschaften in der Ursache liegt, so daß ohne den ganz vollständigen Begrif der Ursache kein vollständiger Begrif davon Statt finden kann.¹)

Was für Vollkommenheiten, fahr ich fort, muß dieses nothwendige Wesen haben? Kann ein nothwendiges Wesen mehrere nothwendige Wesen hervorbringen? Kann es deren überhaupt mehrere geben? Diese Fragen greifen so in einander, daß fast keine beantwortet werden kann,

ohne

---

1) Dieses ist der wahre Verstand des Ausdruckes in Spinozas Definition von der Substanz: cuius conceptus non indiget conceptu alterius rei. Wolf erklärt ihn unrichtig, wenn er sagt, nach Spinoza sey dasjenige für sich selbst, dessen Begrif in keine andern Begriffe aufgelößt werden kann. §. 674.

ohne daß die andern nicht zugleich beantwortet würden. — Das nothwendige Wesen muß unendliche Realitäten oder Vollkommenheiten besitzen; denn besäße es endliche, so könnte es andre Wesen geben, die vollkommner wären, als es selbst ist; denn endlich ist das Wesen, welches vollkommnere seiner Art haben kann;[1] da nun aber, wie es sich zugleich zeigen wird, nur ein nothwendiges Wesen seyn, ein zufälliges aber, als welches doch von ihm abhängig seyn müßte, nicht vollkommner, als dasselbe seyn kann, so muß das nothwendige Wesen alle Realitäten, alle Vollkommenheiten in sich vereinigen. Mehr als ein nothwendiges Wesen, kann es nicht geben; gäb' es ihrer mehr, als eines, so müßten sie wahrhaft getrennt seyn, zwischen ihnen wäre also nichts, allein dieses wäre gar kein Gedanke; wären sie aber wirklich verbunden, so machten sie nur ein Wesen aus. Dieses leuchtet noch mehr ein,

---

[1] Ea res dicitur in suo genere finita, quae alia eiusdem generis terminari non potest. So setzt Spinoza diesen Begrif fest; Wolf §. 685. S. 37. tadelt ihn deßhalb ohne Grund, denn es ist offenbar hier vom Mathematischen Endlichen gar nicht die Rede. Ausführlich hat sich Spinoza über diesen Begrif erklärt im XXXIV. Briefe Opp Posth. 465.

ein, durch die Ueberzeugung von der nothwendigen unendlichen Vollkommenheit des nothwendig daseyenden Wesens. Mehrere Wesen von unendlicher Vollkommenheit können nicht seyn; sie müßten sich völlig in jeder Beziehung gleichen, sie wären also nur eines. — Und nach diesem allen versteht es sich wohl von selbst, daß ein nothwendiges Wesen unmöglich ein andres nothwendiges hervorbringen kann; in Rücksicht auf sein Daseyn nämlich würde es allezeit von jenem abhängen und in Rücksicht auf sein Wesen würde sich nichts in dem andern finden, wovon nicht der Grund in jenem läge.

Es ist also ein nothwendiges Wesen, davon bin ich überzeugt. Ich mußte eher davon überzeugt werden, als ich etwas von dem Daseyn eines zufälligen wissen konnte. Denn um etwas als zufällig zu denken, muß der Begrif des Nothwendigen zum Grunde liegen. Wenn ich also zeither die mir erscheinenden Dinge zufällig nannte, so war dieß nichts mehr, als ein unwillführliches Geständniß meiner Unkunde der Natur, und der Verbindungen derselben;[1] da ich hingegen mit

---

[1] Spinoza Ethic. L. I. Prop. XXXIII. Schol I. Res aliqua nulla alia de caussa contingens dicitur, nisi re-

völliger Gewißheit sagen kann: est ist ein nothwendiges Wesen, denn es ist etwas, denn ich bin.

Dieß war ohngefähr Spinozas Ideengang, das war der Begrif von welchem er ausgieng. Daß er ihn Substanz nennt, darf ihm niemand verargen; dieses Wort paßt gerade zu ihm am besten, und er erschlich sich ja nicht etwa diese Licenz, sondern erklärte, ehe er noch eine andre Behauptung vortrug, was er Substanz nenne. Man sage also nicht: Spinozas System beruht auf einem eigenmächtig gesetztem Begriffe von Substanz, man lasse den anstößigen Ausdruck weg, sage: der Grund von seinem Lehrgebäude ist der Begrif eines nothwendigen Wesens, und nun wird hoffentlich niemand leugnen, daß dasselbe auf der gewissesten unzweifelhaftesten Idee beruht, deren die menschliche Vernunft fähig ist, auf einer Ueberzeugung, von welcher alle Spekula-

___

spectu defectus nostrae cognitionis, Res enim, cuius essentiam contradictionem inuoluere et tamen de ipsius existentia nihil certo affirmare possumus, propterea, quod ordo caussarum nos latet, ea nunquam nec vt necessaria nec vt impossicilis videri nobis potest, ideoque eandem vel contingentem vel possibilem vocamus.

kulation über das Weſen und den Endzweck der Geſchöpfe ausgehen muß.¹).

Par-

1) Der Beweiß vom Daſeyn eines nothwendigen Weſens gründet ſich alſo auf das uns weſentliche Geſetz der Kauſſalität, angewendet auf die Ueberzeugung von wirklich daſeyenden Dingen.

Man ſieht von ſelbſt:

1) Daß diejenigen ſich falſch ausdrücken, welche ſagen, es könne aus der Denkbarkeit eines ſolchen Weſens auf ſein Daſeyn geſchloſſen werden: daß man es vielmehr glaubt, nicht weil man es denken kann, ſondern, weil man es denken muß. Es ſteht nicht etwa in meinem Belieben, ein nothwendiges Weſen zu denken; ſondern ich bin durch meine Natur gezwungen, davon überzeugt zu ſeyn. Wenn man alſo ſagt: aus der Denkbarkeit eines nothwendigen Weſens folgt nicht ſein Daſeyn; ſo dreht man ſich in einem Zirkel, und ſagt: weil du es als nothwendig denken mußt, daß ein Weſen da iſt, daraus folgt nicht, daß du es als nothwendig denkeſt, daß es wirklich da ſey.

2) Daß dieſer Beweiß gar noch nicht auf einen außerweltlichen Gott geht, ſondern auf ein nothwendiges Weſen überhaupt, unentſchieden, ob es in der Welt, außer der Welt, oder die Welt ſelbſt ſey. Allein der Deiſt und der Spinoziſt müſſen von ihm ausgehn, um zu ihren Behauptungen zu kommen.

3) Daß

Parmenides.

Der Ideengang ist natürlich, allein es bleibt gewiß, daß der Sprachgebrauch von Spinoza beleidigt worden, welches immer bey Dingen dieser Art ein großer Fehler ist. — Nun aber ist für sein System immer noch nichts gewonnen. Den Misbrauch des Wortes Substanz völlig vergessen, bleibt dennoch der Vorwurf unwiderlegt, daß Spinoza ohne Grund das Fürsichbestehen der Kreaturen leugnet.

Xenophanes.

Ohne Grund wohl nicht, wenigstens sind die Gründe, welche er vorbringt, noch nicht widerlegt.

3) daß dieser Beweiß keinesweges ohne alle Erfahrungssätze des innern und äußern Sinnes bestehen kann, wie es auch Mendelssohn in den Morgenstunden, d. XVII. Vorles. nsch behauptet. Denn wenn wir nicht durch die innern und äußern Sinnen Ueberzeugung von wirklichem Daseyn erhalten hätten; so könnten wir ggr keinen Begrif von nothwendigem Daseyn haben.

4) Daß diese Ueberzeugung von einem nothwendigen Daseyn überhaupt, zwar die allergewisseste ist, welcher wir fähig sind, daß aber auch sie im Grunde blos subjektiv, und nichts weiter als das Resultat eines Vernunftgesetzes ist, welches in uns liegt.

legt. Ihr sagt: es besteht etwas für sich, ohne selbstständig zu seyn, und gebt nicht einen einzigen Vernunftgrund zum Beweiße dieses Satzes. Spinoza leugnet, daß außer der Substanz irgend etwas für sich bestehe, ja er trägt sogar eine ganze Reihe von Argumenten für seine Meynung vor; so werft doch wenigstens diese über den Haufen, wenn ihr die eure ohne alle Bedeckung lassen wollt.

Mendelssohn nimmt, wie wir gesehen haben, zwey Begriffe von Substanz an; nach dem einen ist sie das Selbstständige, nach dem andern das für sich bestehende Wesen; jenes, sagt er, ist unabhängig, und bedarf keines andern Wesens zu seinem Daseyn, ist also unendlich und nothwendig; das für sich bestehende hingegen kann in seinem Daseyn abhängig und dennoch als ein von dem unendlichen abgesondertes Wesen vorhanden seyn. — Ich frage dich, verstehst du diesen Satz?

Parmenides.

Er ist nichts anders, als der klare unwiderlegliche Ausspruch der Erfahrung. Ich, und alle Geschöpfe, wir sind freylich von dem Selbstständigen Wesen abhängig, allein wir bestehen
doch

doch für uns, haben unsere eigene Individualität.

Xenophanes.

Was nennest du für sich bestehen, seine eigene Individualität haben? etwa: mit keinem andern Dinge zusammenhängen, wesentlich von ihm getrennt seyn? den Grund seines Fortwirkens in sich enthalten?

Parmenides.

Daß du doch immer das Extrem nimmst! — Laß uns bey der Erfahrung bleiben. Die Körper bestehen für sich, und die Geister auch. Jene haben im Raume ihren besondern Standpunkt und ihre eigene Begränzung, wodurch sie von einander hinlänglich gesondert und unterschieden sind; noch mehr, sie enthalten auch eine gewisse Art, und ein gewisses Maas eigner Kraft in sich, auf welchem ihre Wesenheit beruht. Ich begreife nicht, wie es in eines Menschen Sinn kommen kann, dieses zu leugnen. Du siehst dort eine Schaar von Vögeln fliegen; sie bestehen freylich nicht durch sich, allein dessenungeachtet für sich, jeder ist ein Vogel.

Xenophanes.

Ein Argument, welches handgreiflich genug ist;

Par=

Parmenides.

Wie du es auch nennest, wenn es nur treffend ist. — Jeder Vogel nimmt in jedem Momente seinen eignen Punkt im Raume ein, er hat seine eigne Begränzung von den übrigen Theilen der Materie, ja er hat auch das Prinzip seiner Wesentlichkeit in ihm. Der allergewisseste Bürge für seine Individualität ist seine Bewegkraft. Wäre der Vogel mit allem um ihn nur ein und dasselbe Ding, so müßte das Weltall, oder die Gottheit Spinozas selbst mit jedem Sperlinge zugleich herumfliegen.

Xenophanes.

Man hört, daß du Bailen gelesen hast; allein Konsequenzen sind keine Vernunftgründe.

Parmenides.

Was ich sagte, war keine spitzfindige Konsequenz. Wer die Natur des Weltalls erklären will, von dem verlangt man mit Recht, daß er die Ursache der Bewegung entwickele; wenigstens muß nach seinem Systeme Bewegung nicht unmöglich seyn; das ist sie aber schlechterdings nach Spinoza. — Das Für sich bestehen der Geister ist weit leichter zu erweisen, als jenes der Körper. Bewußtseyn unsrer Selbst, Unkunde alles dessen, was außer demselben vorgeht, sagt uns doch wohl

deut-

deutlich genug, daß wir nicht mit allen Dingen eines sind.

Xenophanes.

Ich gestehe dir zu, die Erfahrung ist so ganz gegen Spinoza, daß man leicht in Gefahr kommen dürfte, ihn für einen Verrückten zu halten. — Allein, wie, wenn hier Spekulation über den Gemeinsinn obsiegte? oder, wenn man auch Spinozas Gründe wenigstens nicht widerlegen könnte? — Wir wollen sehen, was er sagen kann! — Allein, anstatt, daß ihr bey euren Beweisen sogleich den Weg der Erfahrung einschlagt; wollen wir erstlich unsre Schlußkette a priori verfolgen; dann wollen wir sehen, ob nicht vielleicht gar in diesem Falle der Weg a posteriori auf jenen zurückgeführt werden kann.

Spinoza gieng bey seinem Systeme von der allergewissesten Idee aus, welche möglich ist, der Idee eines unbedingt nothwendigen Wesens; wir haben gesehen, mit welchem Rechte er dieses that, und wie weit diese Ueberzeugung führen kann. Die erste Frage, die sich dem denkenden Menschen aufbringt, wenn er überzeugt von jenem Begriffe, in den Schauplatz der Erscheinungen zurückkehrt, ist keine andre, als die: Sind diese Dinge um mich her das nothwendige Wesen selbst? oder sind sie zufäl-

zufällig? und diese Frage setzt nothwendig die voraus: Was sind sie in Rücksicht auf ihr Wesen? Sind sie eine Zusammensetzung von einfachen Dingen, oder ist überhaupt gar nichts einfaches, sondern eine bis ins unendliche theilbare Zusammensetzung; oder ist überhaupt nichts Zusammengesetztes, sondern alles nur Eins? Giebt es wirklich zwey ganz heterogene Gattungen materieller und geistiger Dinge? oder, wird dieser Schein der materiellen Welt durch geistige Kräfte, oder die Einwirkung einer allmächtigen Gottheit hervorgebracht? —— Alle diese Fragen, deren jede sich wieder in viele andere auflöst, liegen in der einzigen von der Substanzialität der zufälligen Dinge; und man muß in der That den Muth und die Zuversicht der Schulmetaphysiker bewundern, welche sie alle mit einer kahlen Definition von Substanz übermannen zu können glauben. —— —— Wenn wir von dem Begriffe des nothwendigen Wesens selbst ausgehen, so können wir uns dasselbe nicht anders, als beständig wirksam denken. Seine unendlichen Vollkommenheiten sind das, was sie sind, durch ihre Aeußerungen, durch die Bestimmungen, die nothwendig aus seinem Wesen folgen. Was also der Begriff der Möglichkeit in sich faßt, muß nothwendig wirklich werden, nicht durch successi-

J ven

ven Entschluß des nothwendigen Wesens, sondern als nothwendige Folge seines nothwendigen Daseyns. Die Substanz, ihre Eigenschaften, ihre Bestimmungen sind eine und dieselbe Sache; denn die Ausdrücke, die nothwendigen Aeußerungen der Vollkommenheiten dieses Wesens sondern sich nicht von ihm ab, sondern bleiben in ihm, gehören wesentlich zu ihm. So ist a priori die Frage geschwind entschieden, und Spinoza hat wirklich diesen Weg genommen.¹) — Allein, wir wollen auch

1) Prop. XI. Deus sive substantia constans infinitis attributis, quorum unumquodque aeternam et infinitam essentiam exprimit, necessario existit.

Prop. XII. Nullum substantiae attributum potest vere concipi, ex quo sequatur, substantiam posse dividi.

Prop. XIII. Substantia absolute infinita est indivisibilis.

Prop. XIIII. Praeter Deum nulla dari, neque concipi potest substantia.

Prop. XV. Quidquid est, in Deo est, et nihil sine deo esse, neque concipi potest.

Prop. XVI. Ex necessitate divinae naturae infinita infinitis modis sequi debent.

Prop. XVII. Deus ex solis suae naturae legibus et a nemine coactus agit.

Prop. XVIII. Deus est omnium rerum caussa immanens, non vero transiens.

auch der Erfahrung näher rücken, und wir dürfen nur das Spiel unsrer Phantasie auf einige Zeit unterbrechen, um uns zu überzeugen, daß die Vernunft die Dinge nicht anders denken kann, denn als ein einziges Ganzes. — Wenn irgend etwas durch wirkliche Abgesondertheit der Theile getrennt wäre, so müßte zwischen diesen nichts seyn; nichts ist freylich gar kein Gedanke, allein darin eben liegt die Kraft des Beweises. Ueberall, wo wir Trennung, Theilung bemerken, selbst in dem Punkte der Trennung ist doch immer etwas; es ist also alles im Grunde nur Eines. Etwas leichter wird uns dieses zu fassen, wenn wir uns überzeugen, daß der Raum blos eine Scheinidee der Phantasie ist, welche sie sich bildet, weil sie glaubt, die Körper wegdenken zu können; so sehen wir ein, daß überall Wesen ist, und daß alles innig zusammenhängt. Höre, wie sich Spinoza selbst darüber ausdrückt:

„Warum, sagt er, (in der Ethik, der 15. Prop. des 1. Th. im Schol.) sollte die ausgedehnte Substanz nicht eine der unendlichen Eigenschaften der Gottheit seyn? Ihr sagt, weil sie aus Theilen besteht, so kann sie nicht unendlich seyn; wäre sie unendlich, so denkt euch sie in zwey Theile getheilt; jeder Theil wird entweder endlich, oder unendlich seyn; ist jenes, so nehmt ihr ein Unendliches an, das aus zwey endlichen Theilen zusammengesetzt ist; ist dieses, so giebt es ein Unendliches, das noch einmal so groß ist, als ein andres Unendliches u. s. w. Allein ihr nehmt an, die ausgedehnte Substanz sey theilbar; dieses ist sie aber nicht; sie besteht aus gar keinen Theilen, und eure widersinnigen Folgerungen fließen keinesweges daraus, daß das Ausgedehnte unendlich angenommen wird, sondern daraus, daß man glaubt, das Unendliche sey meßbar, und aus endlichen Theilen zusammengesetzt. Ihr dichtet euch die unendliche, einzige und untheilbare körperliche Substanz als zusammengesetzt aus endlichen Theilen, als vielfach und theilbar, damit ihr alsdenn erweisen könnet, daß sie endlich sey. Si substantia corporea, fährt er fort, ita posset dividi, ut eius partes realiter distinctae essent; cur ergo una pars non posset annihilari, manentibus reliquis ut ante inter se connexis? Et cur omnes ita aptari debent, ne detur vacuum? Sane rerum, quae realiter ab invicem distinctae sunt, una sine alia esse, et in suo statu manere potest. Cum igitur vacuum in natura non detur, sed omnes partes ita concurrere debeant, ne detur vacuum; sequitur hinc etiam, easdem

non

non poſſe realiter diſtingui, hoc eſt, ſubſtantiam corpoream, quatenus ſubſtantia eſt, non poſſe dividi. Si quis tamen iam quaerat, cur nos ex natura ita propenſi ſimus ad dividendam quantitatem, ei reſpondeo, quod quantitas duobus modis a nobis concipitur, abſtracte ſcilicet, ſive ſuperficialiter, prout nempe ipſam imaginamur; vel ut ſubſtantia, quod a ſolo intellectu fit. Si itaque ad quantitatem attendimus, prout in imaginatione eſt, reperietur finita, diviſibilis et ex partibus conflata; ſi autem ad ipſam, prout in intellectu eſt, attendimus, et eam, quatenus ſubſtantia eſt, concipimus, quod difficillime fit, tum, ut iam ſatis demonſtravimus, infinita, unica et indiviſibilis reperietur. — Materia ubique eadem eſt, nec partes in eadem diſtinguuntur, niſi quatenus materiam diverſimode affectam eſſe concipimus, unde eius partes modaliter tantum diſtinguuntur, non autem realiter. E. g. aquam, quatenus aqua eſt, dividi concipimus, eiusque partes ab invicem ſeparari, at non, quatenus ſubſtantia eſt corporea; eatenus enim neque ſeparatur, neque dividitur. Porro aqua, quatenus aqua, generatur et corrumpitur; at quatenus ſubſtantia,

tia, nec generatur, nec corrumpitur. Will man aber annehmen, daß Dinge durch Bestimmungen der Zeit gesondert sind, so ist Spinozas Antwort bereit, daß die Zeit selbst nichts ist, als eine Scheinidee; daß mit der Fähigkeit, alles zugleich zu denken, das ganze Blendwerk der Aufeinanderfolge wegfallen würde, daß also die Geneigtheit, Dinge als durch die Zeit gesondert und geordnet zu denken, nichts ist, als ein Hülfsmittel für Wesen von begränzter Vorstellkraft, eine Folge des Gesetzes, das die Fassungskraft unsrer Sinne und unsres Verstandes an ein gewisses Maas bindet. So nennen wir, zum Beyspiel, eine Pflanze ein Individuum, ein Ganzes, und doch ist sie im Grunde nichts mehr, als ein Theil im strengsten Sinne des Wortes, nur daß ihr Zusammenhang mit dem Uebrigen durch Theile geschieht, die unsre Sinne nicht vernehmen können. Die Theile der Materie, welche ich, in Beziehung auf meinen Gesichtskreis Pflanze nenne, sind nur ein Bruchstück eines mir zum kleinsten Theil erkennbaren Ganzen. Hier beginnen nicht etwa neue Reihen, neue Zusammensetzungen, die das Daseyn und die Art dieses Dinges zum endlichen Zwecke haben; die Umrisse der Pflanze sind Zeichnungen meines endlichen Sinnes; könnt' ich anders sehen, anders fühlen,

fühlen, so verschwände die Pflanze; ich sähe, fühlte andre Bruchstücke des Ganzen, und diese würde ich dann mit eben dem Rechte Individuen nennen, mit welchem ich die Pflanze also nenne.¹) — Was können demnach für sich bestehende materielle Wesen seyn? Nichts anders, als solche, die in einem Wesen von begränzter Vorstellung die Idee eines Ganzen erregen.

Parmenides.

Es ist wahr, dein Raisonnement enthält viel Wahres; allein es scheint mir doch bey weitem noch nicht zu beweisen, was es beweisen soll; daß es nämlich außer der einzigen Substanz keine für sich bestehenden Dinge gebe. Denn es folgt daraus im Grunde nichts anders, als daß alles, was wir um uns her anschauen, genau zusammenhängt, daß nirgends eine wahre Lücke und ein leerer Raum ist. Dieses haben schon viele Philosophen angenommen; aber darum sind sie noch keine Spinozisten gewesen. Es mag wahr seyn, daß alle die Abschnitte des Raums und der Zeit, in welchen uns die Außendinge erscheinen, nur so

viel

---

1) Die Natur bildet und organisirt nur im Ganzen, sagt der Verfasser der Abhandlung über das Fundament der Kräfte S. 10.

viel Fächer sind, worin unsre eingeschränkte Vorstellkraft das ganze große All der Dinge zertheilen muß, um nicht unter der Menge von Ideen zu erliegen, welche von außen auf sie zuströmen, und Ordnung und Klarheit in ihren Vorstellungen zu erhalten. Allein, würde sich dieses All der Dinge auch in diese Abtheilungen und nach den bestimmten Regeln unsers Anschauungsvermögens zerlegen lassen, wenn in ihnen selbst keine Bestimmungen und Eigenschaften lägen, die dieses möglich machten, und was können dieses anders für Bestimmungen seyn, als Mehrheit für den Begriff des Raumes, und Veränderlichkeit für den Begriff der Zeit? So abhängig also auch immer die Absonderungen und Trennungen der Dinge von der wesentlichen Einrichtung der menschlichen Denkkraft und den Gesetzen seyn mögen, nach welchen sie wirkt, so würden sie doch überall nicht möglich seyn können, wenn nicht mehrere einzelne Dinge außer uns vorhanden wären, und wenn diese Dinge sich nicht veränderten und einem Wechsel unterworfen wären. Sind aber mehrere Dinge da, so müssen sie auch für sich bestehen, und ein abgesondertes Daseyn haben, weil eine wahre Mehrheit dieses nothwendig voraussetzt. Sehen wir noch weiter auf die Behauptung Spinozas, daß alle

Dinge

Dinge nur Modifikationen, nur Gedanken der unendlichen Substanz sind, so begreife ich gar nicht, wie ein Gedanke derselben, der doch der Mensch, nach seinem System, nur seyn soll, die übrigen Gedanken der unendlichen Substanz, nämlich die äußern Dinge, sich wieder als getrennt und abgesondert vorstellen, und solche willführliche Einschnitte in sie machen kann, wenn diese nur ein einziges Ganzes ausmachen. Ueberhaupt können Spinoza und seine Anhänger, meinem Bedünken nach, eigentlich den Ausdruck: ein Ganzes, in seinem gewöhnlichen Sinne gar nicht gebrauchen, denn er zeigt doch nichts anders, als den Inbegriff mehrerer Theile an, und die lassen sie gar nicht gelten, und können sie nicht gelten lassen, wenn sie konsequent seyn wollen. Alle Theilung ist nach ihnen nur scheinbar, und also muß auch das Ganze nur scheinbar seyn, und sie dürfen also wohl von Einem, aber nicht vom Ganzen reden.¹)

Xeno-

1) Die Ideen, welche Parmenides hier vorträgt, sind Ideen eines Recensenten meiner Abhandlung über Mendelssohns Darstellung des Spinozismus, (im 4. B der Denkwürdigkeiten aus der philosophischen Welt, vom Hrn. Prof. Cäsar.) in der allgemeinen
deut-

Xenophanes.

Du sagst, es folge aus meinem Raisonnement nichts weiter, als, daß alles, was wir um uns her anschauen, genau zusammenhängt, daß nirgends eine wahre Lücke, ein leerer Raum ist.

deutschen Bibliothek im LXXXII. B. I. St. S. 122=135. Ich gestehe freymüthig, daß dieser mir unbekannte scharfsinnige Mann der einzige ist, dessen Einwürfe gegen jene Abhandlung mich in Verlegenheit gesetzt haben; und ich danke ihm sehr dafür, daß er mich in diese Verlegenheit gesetzt hat, welche für meine Umarbeitung derselben vielleicht nicht von unwichtigen Folgen gewesen ist. Dessenungeachtet kann ich meinen Wunsch nicht bergen, daß dieser gegen mich so wohlwollende Weltweise bey verschiedenen Stellen nicht den Darsteller und Aufklärer des Systems mit dem Urheber davon verwechselt haben möchte. Wenn ich zeige, daß vor Mendelssohns Einwürfen sich Spinoza noch retten kann, so bin ich deshalb nicht von seinem Systeme überzeugt, nehme deshalb seine Prinzipien nicht selbst an. Allein ich gebe zugleich zu, daß, so wie der Darsteller eines Systemes sich nothwendig oft so tief in dasselbe denken muß, daß er, sich unbewußt, seine eigne Rolle mit jener des Urhebers davon verwechselt, auf dieselbe Art es auch dem unpartheyischesten redlichsten Beurtheiler einer solchen Darstellung schwer, ja nicht selten unmöglich ist, den Darsteller von dem Vertheidiger, den Erzähler vom Anhänger zu unterscheiden.

ist. Allein ich verlange auch gar nicht mehr; wenn nur dieses daraus folgt; so bin ich zufrieden; denn mein Satz ist dann völlig erwiesen. Wenn du zugiebst, (und du mußt es gewiß;) daß alles alles genau zusammenhängt, daß nirgends eine wahre Lücke, nirgends ein leerer Raum ist; nun so ist ja das Weltall nur ein unendliches Individuum; du kannst keinem Theile davon an sich eine eigene Begränzung, keinem die geringste in ihm allein liegende Kraft zugestehn. Betrachtest du einen Theil allein für sich; so mußt du offenbar dich in falschen Beobachtungen und Fehlschlüssen verlieren; denn so wie ein Theil, sobald er vom Ganzen abgerissen, vernichtet würde, so wäre es auch thöricht, einem Theile für sich ein Wesen zuzuschreiben; da vielmehr seine Natur in seinen Beziehungen auf das Ganze liegt, [und du sprichst zuverläßig von einem Undinge, (im eigentlichen Verstande,) wenn du z. B. über das Wesen einer Pflanze aus ihr selbst urtheilst. — Es fehlen aber die Worte um diese innige Verein aller Glieder der Natur, diese Ohnmacht oder vielmehr Annihilation der einzelnen, für sich betrachtet, und diese Allmacht ebenderselben als unabtrennbarer Theile des Alls, auszudrücken. Allen Wörtern und Redensarten, deren man sich dazu bedient,

hän-

hängen schon Vorstellungsarten des gemeinen Lebens, der täuschenden Erfahrung an; und man muß sie mit der äußersten Behutsamkeit entfernen, um sich nicht in scheinbare Widersprüche zu verwickeln, oder sie bey andern finden zu wollen, wo sie nicht sind. So hast du ganz Recht, wenn du sagst, der Ausdruck eines Ganzen im gewöhnlichen Sinne passe nicht für Spinozas System, weil er den Inbegrif mehrerer Theile anzeigt. Allein du wirst mir zugestehn, daß der Ausdruck Eines im gewöhnlichen Sinne eben so wenig paßt, denn er bezieht sich allezeit auf ausgeschlossene Vielheit; könntest du nicht viele denken, so könntest du auch nicht Eines denken. Was schadet aber dieses der Sache selbst? Wenn wir nur wissen, was wir denken sollen, uns über die Begriffe einverstanden haben, und uns von den Sinnen und der Phantasie nicht irre machen lassen, so können wir der Wahrheit unbeschadet diese Wörter brauchen. Du sagst ferner: es möge wahr seyn, daß alle die Abschnitte des Raums und der Zeit, in welchen uns die Aussendinge erscheinen, nur so viel Fächer sind, worinn unsre eingeschränkte Vorstellungskraft das große All der Dinge zertheilen muß, um nicht unter der Menge von Ideen zu

erlie-

erliegen, welche von auſſen auf ſie zuſtrömen, und
Ordnung und Klarheit in ihren Vorſtellungen zu erhalten; allein das All der Dinge, behaupteſt du,
würde ſich nicht in dieſe Abtheilungen und die be-
ſtimmten Regeln unſers Anſchauungsvermögens
zerlegen laſſen, wenn in ihnen ſelbſt keine Beſtimmungen lägen, die dieſes möglich machten, Mehrheit
für den Begrif des Raumes und Veränderlichkeit
für den Begrif der Zeit. Die Konſequenz dieſes
Schluſſes will mir nicht ganz einleuchten. Die erſte
Hälfte davon iſt evident: die Begränzungen der
Dinge, ſagſt du, und ihre Veränderungen in der Zeit
mögen nichts als Vorſtellungsarten, Folgen der weſentlichen Eingeſchränktheit unſerer Sinnen und
unſeres Geiſtes ſeyn, unſer Geiſt mag durch ſeine
Natur gezwungen werden, ſich das All der Dinge
theilweiſe vorſtellen zu müſſen; allein es kann hierbey, ſchließeſt du, doch nicht blos auf unſern Geiſt
ankommen; das All der Dinge ſelbſt muß ſo be-
ſchaffen ſeyn, daß der Geiſt die Eindrücke davon
ſo behandeln, daß er ſich die Dinge in gewiſſen
Gränzen vorſtellen könne. Das gebe ich dir
ſehr gern zu; denn, wenn es nach der Natur des
Weltalls nicht möglich wäre, geſchähe es auch
nicht. Allein, wenn du nun von dieſem Satze
gleich auf die Konkluſion kömmſt: es muß alſo

in

in den Dingen selbst Mehrheit und Veränderlichkeit seyn; so erlaubst du dir einen Sprung, dessen Rechtmäßigkeit ich nimmermehr zugestehe. Das All der Dinge kann es immer möglich machen, daß der Geist sich sie in gewissen räumlichen Begränzungen und Zeitverhältnissen denke, und in ihm selbst braucht deshalb keinesweges Mehrheit oder Veränderlichkeit Statt zu finden. Stelle dir es an einem Gleichnisse vor! Wenn das Bild einer großen Landschaft mit einer feinen Decke überzogen wäre, in welcher hie und da kleine Oeffnungen dich einzelne Partien sehen ließen; so muß freylich dies Bild so beschaffen, so gestellt seyn, daß du durch jene Oeffnungen einzelne Theile sehen kannst; denn sonst würdest du sie nicht sehen. Du wirst dann, so lange du nicht weißt, daß diese Stücke nur Theile eines großen Ganzen sind, welches jene Decke vor deinen Augen verbirgt, die Stücke für ganze Mahlereyen halten, für Ausführungen individueller Zwecke. Allein, sobald du bemerkst, daß es nur Fragmente eines Werkes sind, dessen ganzen Anblick die Decke dir verbirgt, so wirst du sie auch für nichts mehr als das halten. — Nimmermehr aber wirst du auf die Idee gerathen können, daß, weil du wegen der Oeffnungen der Decke nur gewisse Partien sahest, sagest; auch im ganzen Gemählde diese Partien besondre von den Uebrigen unabhängige Bilder sind. — Oder wenn du in einem Wagen durch eine Gegend schnell fährst, und um dich Berge und Bäume und alles hinschwindet, so kannst du daraus wohl schließen, daß die Berge und die Bäume dieses Phänomen möglich machen mußten; denn sonst würde es nicht erfolgt seyn; allein keinesweges kannst du daraus folgern, daß in den Bergen und Bäumen wirkliche Bewegung vor sich gieng.

Du sagst endlich: du begreifest nicht, wie, wenn alle Dinge nur Modifikationen, nur Gedanken der unendlichen Substanz sind, ein Gedanke derselben, (wie der Mensch diesem Systeme nach seyn solle,) die übrigen Gedanken dieser unendlichen Substanz, nämlich die äußern Dinge sich wieder als getrennt und abgesondert vorstellen, und solche willkührliche Einschnitte in sie machen könne, wenn diese nur ein einziges Ganzes ausmachen. Auch dies thut Spinozens Sätzen keinen Eintrag. Wir stellen uns nach diesem Weltweisen die äußeren Dinge nach ihren Eindrücken auf unsern Körper vor, welche sich alle nothwendig in der Idee abspiegeln müssen, als welche mit dem Körper ein und dasselbe Ding ist.

ist. Wenn nun auch gleich jeder Theil mit dem Ganzen innig zusammenhängt, also unser Körper und seine Idee zu dem ganzen All gehört; so kann doch nicht der volle Eindruck des Ganzen auf einen einzigen kleinen Theil fallen, sondern nur einzelne Momente desselben; sonach kann nur eine gewisse Seite des Alls auf den Körper wirken, und sich in Idee abspiegeln; es ist also nothwendig, daß der Mensch sich das einige All, als getrennt in mehrere verschiedene äußere Dinge denke.

Was willst du Spinoza'n auf alles dieses einwenden?

Parmenides.

Vor der Hand weiß ich nichts, als daß mein ganzes Wesen sich gegen diese Vorstellungsart sträubt. Allein gesetzt auch, daß Spinoza und seine Anhänger sich von dieser Seite durch ein unauflößbares Gewebe von Spitzfindigkeiten zu sichern wissen; so haben sie damit noch nicht alles gewonnen.

Ihr sprecht immer und ewig von Weisen der Ausdehnung und Ideen derselben, und hier werden wir freylich das Substantielle der Dinge nicht finden. Allein wenn ihr nicht bey den Wirkungen, bey den Eindrücken der Substanz stehen bleibt;

bleibt; so müßt ihr, wenn ihr nicht die Augen muthwillig verschließet, auf eine Unendlichkeit von Kräften kommen; denn sonst nähmet ihr Wirkungen ohne zureichenden Grund an. Diese Kräfte nun, deren Daseyn ihr nothwendig anerkennen müßt, bringen nicht nur ganz verschiedene Wirkungen hervor, sondern sie bleiben sich auch alle in der besondern Art ihrer eigenen Wirkungen gleich; diese Kräfte nun enthalten das Substantielle der Dinge, und bestehen, gesondert von einander für sich. Du siehst die magnetischen Erscheinungen; widersinnig würde es wohl seyn, keine Kraft annehmen zu wollen, die sie hervorbringt; du siehst die Phänome der Elektricität, und deine Vernunft zwingt dich das Daseyn einer Kraft anzuerkennen, aus welcher sie hervorgehn. Beyde Kräfte erzielen verschiedene Wirkungen, bleiben sich in ihren besondern Wirkungsarten gleich, sie bestehn also für sich, unabhängig von einander.

Xenophanes.

Es ist wahr, das Wort Kraft ist ein herrlicher Talismann der neuern Philosophie, eine wahre Panazee gegen alle Zweifel in der materiellen und geistigen Welt. Allein wenn wir dieß geheimnißvolle Wort nun näher entwickeln, was drückt es wohl mehr aus, als die unbestimmte Ursache gewisser unerklärbarer Erscheinungen. Wenn wir lange genug beobachtet haben, und unsre Seele kein Mittel mehr findet, ihre Neugier nach Ursachen zu befriedigen; dann beruhigt sie sich wenigstens, indem sie ein einfaches Wesen dichtet, welches jene Erscheinungen hervorbringen soll, und dieses Kraft nennt. Man gehe alle sogenannte Kräfte der Körper durch, und man wird durch keine einen bestimmten Begrif bekommen. Für unsre Vernunft ist nun freylich die Bildung einer solchen Idee sehr bequem; allein wir müssen sie nur nicht realisiren, ihr nicht eine besondre Substantialität, in objektiver Bedeutung, beylegen.

Sage mir, was giebt dir deine elektrische, was deine magnetische Kraft zu denken, und wenn du denn von keiner sagen kannst, was sie ist, wie willst du behaupten, daß eine unabhängig von der andern für sich bestehe?

Parmenides.

Sieh, wie du jetzt mit deinen ersten Grundsätzen in Widerspruch geräthst. Als es darauf ankam, ein nothwendiges Wesen zu erweisen, und zu zeigen, daß Spinoza von der gewissesten Vernunftidee ausgegangen ist; so war dein Grund

kein

kein andrer, als: weil wir durch einen innigst in unsre Natur verwebten Trieb gedrungen sind, von der Wirkung zur Ursache hinaufzusteigen, und wir es uns also nicht anders denken können, als, daß ein nothwendiges Wesen existirt; jetzt aber willst du gar nicht bemerken, daß wir eben so berechtigt sind, den so unendlich mannigfaltigen Wirkungen und Veränderungen, die wir in der materiellen Welt wahrnehmen, auch mannigfaltige Kräfte zum Grunde zu legen, welche diese Wirkungen und Veränderungen hervorbringen. Unsre Kenntnis von diesen einfachen Kräften der Natur ist zwar sehr unvollständig und eingeschränkt, indessen wissen wir doch so viel von ihnen, daß sie die Ursachen jener Wirkungen sind, die wir gewahr werden, daß aus einerley Kräften und unter einerley Umständen auch einerley Erfolge nach unveränderlichen Gesetzen fließen, und unsre Vernunft findet wenigstens nur dann allein Befriedigung, wenn sie auch auf diese materiellen Erscheinungen das Gesetz der Kaussalität anwenden kann. So viele Schwierigkeiten also auch immer übrigens Leibnizens Theorie der substantiellen Kräfte haben mag, so kann sie doch von dieser Seite betrachtet, eben so viele Ansprüche auf Gewißheit machen, wie je-

ner

ner erste Grundsatz des Spinozismus: es giebt ein nothwendiges Wesen, weil sie allein die Vernunft bey ihren Nachforschungen beruhigt, und ihre sonst unauflösliche Fragen beantwortet¹).

Xenophanes.

Die Fälle sind sich doch nicht ganz gleich. Ein nothwendiges Wesen muß jede Vernunft annehmen, denn sonst müßte sie leugnen, daß etwas ist; allein, um die unendlich mannigfaltigen Wirkungen und Veränderungen der materiellen Welt zu erklären, müssen wir nicht substantielle Kräfte annehmen, welche sie hervorbringen. Denn 1) werden sie dadurch gar nicht erklärt; der Begrif Kräfte sagt dem Verstande gar nichts mehr, als die unbestimmte Setzung einer Ursache, und das Fürsichbestehen derselben ist ganz unbegreiflich, wie kann man also sagen, die mannigfaltigen Wirkungen und Veränderungen der materiellen Welt werden durch den Begrif substantieller Kräfte erklärt? 2) Und gesetzt auch, sie könnten es dadurch werden, so giebt es doch andre Erklärungsarten, durch die es

---

1) Dieses ist ebenfalls ein scharfsinniger Einwurf des Recensenten meiner Abhandlung in der allgemeinen deutschen Bibliothek, im angef. B. S. 127. 128.

es eben so gut möglich ist. Wenn ich mit Spinoza sage: die unendlich mannigfaltigen Erscheinungen der Körperwelt sind nothwendige Folgen der unendlichen Wirksamkeit der Gottheit, durch sie und in ihr hervorgebracht, so habe ich doch auf das allerwenigste eben soviel Aufschluß, als wenn ich zu dem Begriffe substantieller Kräfte meine Zuflucht nehme. Also ist dieser Begrif wohl kein nothwendiges Bedürfnis der Vernunft, wie jener eines nothwendigen Daseyns, zumal da er immer die große Frage übrig läßt, wie denn diese Unendlichkeit für sich bestehender Kräfte zusammen und auf einander wirken kann.

Womit willst du nun noch dem Spinoza die Getrenntheit, das Fürsichbestehn der Körper beweisen? Ohne alle Parteylichkeit, ich sehe nicht die geringste Möglichkeit.

Nun zu den Argumenten für die Substantialität der geistigen Wesen!

Wenn in Spinozas Systeme irgendwo eine wesentliche Lücke ist, so ist sie unstreitig hier. Von der Körperwelt beweißt er uns umständlich, daß gar keine wesentliche Trennung in ihr Statt findet, daß, wenn in der Form derselben eine unendliche Verschiedenheit herrscht, die Substanz selbst sich dennoch immer gleich bleibt; bey der

Geisterwelt hingegen stellt er den paradoxen Satz auf, daß die Seelen der Geschöpfe keine besondern für sich bestehenden Wesen sind, sondern nur Bestimmungen der unendlichen denkenden Substanz;¹) verliert aber kein Wort, um das auffallende dieser Meynung zu mildern, kein Wort, um das Phänomen des Individualitäts-Bewußtseyns zu erklären, welches nach seinem Systeme kaum möglich zu seyn scheint.

Es ist nicht wahrscheinlich, daß er diese Schwierigkeit nicht gefühlt, nicht an die Wegräumung derselben gedacht haben sollte. Vorbereitet hat er sie wirklich, und, so wie überhaupt seine Ethik eine vollkommnere Gestalt würde gewonnen haben, wenn er länger gelebt hätte, so würde er auch vermuthlich diese Lücke auszufüllen versucht haben. In einem solchen Falle ist es Pflicht, durch Muthmasungen das

---

1) Spinoza definirte den Geist des Menschen: Secundum leges naturae cogitantis per ideas certo modo determinata cogitario, quae necessario dari concluditur, vbi corpus humanum existere incipit. S. Ludwig Meyer in der Vorrede zu den Princip. philos. Cartes, welche in Spinozas Namen geschrieben ist, auch Bleyenberghs Brief an Spinoza, in den Oper. Posth. XXXVII. S. 510.

das Unvollständige des Systems zu ergänzen, welches man darstellen will; nur muß man nichts hineintragen, was nicht aus den Grundsätzen desselben hergeleitet werden könnte.

Es ist wahr, so dünkt mich, würde Spinoza gesagt haben, ein klares Bewußtseyn stellt mich mir als ein Individuum, als ein für mich bestehendes Wesen vor, das sich selbst zu den meisten seiner Thätigkeiten bestimmt,¹) so wie alle Thiere bis zu den untersten Stufen des Lebens in einem dunkeln Gefühle dasselbe empfinden. Allein, was diese nicht können, das vermag ich durch meine Vernunft; ich darf mich der täuschenden Gewohnheit entreißen, und wenn ich auch von meinem wahren Zustande jenseits der Erfahrung nichts gewisses einsehen sollte, so lerne ich doch so viel, daß diese Erfahrung, an deren Aussprüche ich von meinem Entstehn an gewöhnt bin, mir meine wahre Natur, meine wahren Umstände nicht

---

1) Auch Spinoza machte das Bewußtseyn der Individualität zum Hauptcharakter unsrer Seele. Primum, sagt er, quod actuale mentis humanae constituit, nihil aliud est, quam idea rei alicuius singularis actu existentis. Der wahre Sinn, welcher in diesem Satze liegt, wird aus dem folgenden noch klärer erhellen.

nicht vorstellt. Was sagt mir nun eigentlich dieses Ich, das alle meine leidentlichen Zustände sowohl, als meine Selbstthätigkeiten begleitet? An sich, wenn ich von allem dem abstrahire, was ihm fälschlich zugeschrieben wird, nichts. Es ist wahr, ich schreibe diesem Ich alles zu, was in mir vorgeht; ich sage: ich empfinde, ich stelle mir vor, ich denke, ich besinne mich, ich erfinde dieß oder jenes; aber, wenn ich die Wahrheit sagen soll, so thut bey allem diesem das ich gar nichts; die Veränderungen und Thätigkeiten meiner selbst entstehn durch Ursachen, welche völlig außer ihm sind, und um deren Verhältnisse zu ihm es gar nichts weiß. Wenn denn nur das zu meinem Selbst gerechnet werden kann, dessen ich mir bewußt bin, so kann ich im Grunde weiter nichts von mir sagen, als: dieß oder jenes geht in mir vor; kann blos das erzählen, was fremde Kräfte vollbringen, die Vergesellschaftung meiner erworbenen Ideen, das absichtliche Hervorziehen sowohl, als das unwillkührliche Zurückkehren derselben, alle Absonderungen, Zusammensetzungen, Beziehungen, und so weiter, geschehen ohne mein Zuthun; ich bin blos Zuschauer von Veränderungen, die in einer gewissen Sphäre vorgehn. Das Ich ist blos das

logi-

logische (von aller objektiven Bedeutung leere) Subjekt aller Vorstellungen, Gefühle und Bestrebungen;¹) es entsteht zugleich mit dem Gefühle des Lebens, und, so wie dieses nicht durch sich selbst gebildet wird, so entstehet auch dasselbe durch die Kräfte außer ihm befindlicher Dinge. Fragt man aber weiter, warum diese Vorstellungen immer das Bewußtseyn mit sich führen, so fragt man nichts weniger als: warum diese Vorstellungen da sind. Bewußtseyn ist die nothwendige Grundlage jeder Vorstellung, jedes Gefühls, jedes Bestrebens. Bewußtseyn ohne Vorstellung oder Gefühl, oder Bestre-

---

1) So drückt sich Kant aus, dem ich einen großen Theil der Ideen verdanke, mit denen ich diese Lücke in Spinozas Systeme ausfülle. Man glaube ja nicht, daß ich dadurch dem Systeme unerschütterliche Festigkeit zu geben meyne; ich will vor der Hand blos entwickeln, wie Spinoza über diese Dinge dachte, will ihn vor dem Vorwurfe der Inkonsequenz retten, welcher ihn hier leicht treffen dürfte, und zeigen, daß er durch die Mendelssohnische Behandlung noch nicht widerlegt ist. Man lese bey diesem Abschnitte einen der tiefgedachtesten Theile der Kantischen Kritik nach, die Beurtheilung der rationalen Seelenlehre; Elementasl. II. Th. II. Abth. II. B. I. Hauptst. S. 341. (nach der alten Ausgabe.)

streben ist nur als allgemeine Idee möglich; Vorstellung, Gefühl, Bestreben ohne Bewußtseyn ist gar nicht gedenkbar.

Parmenides.

Eine ganz sonderbare Idee, die aller Erfahrung widerspricht. Bewußtlose Veränderungen der Seele kann kein Mensch leugnen, oder er nimmt sich selbst den Schlüssel zu den räthselhaften Erscheinungen der menschlichen Natur;

Xenophanes.

Das geb ich sehr gern zu, daß die sogenannten bewußtlosen Ideen ein trefflicher Behelf sind, wenn man gewisse Erscheinungen in der menschlichen Seele nicht erklären kann, doch aber erklärt zu haben scheinen will. In Spinozas Seelenlehre giebt es keine bewußtlosen Begriffe, und ich möchte den sehn, der ihn von ihrem Daseyn überzeugen könnte. Bewußtseyn liegt nach ihm iedem Begriffe zum Grunde; so bald ich etwas begreife, so weiß ich damit selbst, daß ich es begreife, weiß, daß ich weiß, daß ich es begreife, und weiß wieder, daß ich weiß, daß ich weiß, daß ich es begreife, und sofort bis ins unendliche. Haec mentis idea, sagt er: Ethic L. II. Prop. XXI. Schol. eodem modo vnita est menti, ac ipsa mens vnita est corpori: revera idea mentis, hoc

hoc est, idea ideae nihil aliud est, quam forma ideae, quatenus haec vt modus cogitandi, absque relatione ad obiectum consideratur, *simul ac enim quis aliquid scit, eo ipso scit, se id scire et simul scit, se scire, quod scit, et sic in infinitum.* Und wie kann man sich auch wohl Begriffe denken, die nicht begriffen werden, Vorstellungen, die gar nicht vorgestellt werden; und dahin kommt man doch mit allen sogenannten bewußtlosen Ideen hinaus.¹) In welchem

---

1) Dreyerley Ursachen scheinen mir die Ausbreitung des Glaubens an bewußtlose Ideen befördert zu haben; denn in der That ist dieses eine Art psychologischen Glaubens.

1) Daß man die Ursachen der Vorstellung mit der Vorstellung selbst vermengt hat. Es können Verdüsterungen in uns entstehn, ohne durch Vorstellungen bewirkt worden zu seyn. Oft werden wir z. B. traurig, ohne die geringste Ursache davon zu wissen, alle Gegenstände erscheinen uns von einer unangenehmen Seite, wir hatten uns schlechterdings nichts vorgestellt, was uns in diese Stimmung hätte versetzen können, woher sie also? Ihr hattet euch wohl etwas vorgestellt, antwortet man uns, aber dunkel, bewußtlos; eure jetzige Laune ist nichts als die Folge solcher Vorstellungen, welche auf euch wirkten, auch bevor sie noch zu eurem klaren Bewußtseyn gelangten. Allein wie in aller Welt kann mich eine Thätigkeit modificiren

welchem Zustande wir nun den Menschen betrachten, so ist er immer mit einer Empfindung, einer Vorstellung, einem Bestreben beschäftigt, oder vielmehr,

ciren, bevor ich sie beginne, eine Vorstellung wirken, ehe sie vorgestellt wird, ehe sie das ist, was sie ist. Allein

2) Man denkt sich Vorstellungen als todte Bilder; ein Fehler, an welchem fast alle Theile der Seelenlehre laboriren. Denke man sich sie, wie man sie denken muß, als rege Aktus des geistigen Wesens, als Momente des Spiels seiner thätigen Kraft, und der ganze Schein der Bewußtlosigkeit verschwindet; das todte Bild bekommt Leben und Bewegung, die Idee wird Idee, thätige Anschauung einer handelnden Kraft: „Man muß sich das Vorstellungsvermögen nicht als eine blos leidende spiegelartige Fähigkeit gedenken, bey welcher die Seele sich nur müßig verhält, und die Eindrücke, die ihr von innern oder äußern Gegenständen zugeschickt werden, annimmt, ohne dabey sich selbst zur Thätigkeit zu bestimmen;" sagt Herz über den Schwindel, S. 3, und Spinoza selbst drückt sich sehr treffend darüber aus, wenn er sagt: Nemo, qui veram habet ideam, ignorat veram ideam summam certitudinem inuoluere, veram namque habere ideam, nihil aliud significat, quam, perfecte, siue optime rem cognoscere; nec sane aliquis de hac re dubitare potest, nisi putet, ideam *quid mutum instar picturae in tabula*, et non modum cogitandi esse, nempe ipsum: *intelligere.* Eth. P. II. Prop. XLIII. Schol.

3) Man

mehr, er ist selbst eine Empfindung, eine Vorstellung, ein Bestreben.

Parmenides.

Ein ziemlich großer Unterschied. Das Denkende und das Gedachte, der Denker und der Gedanke sind doch wohl nicht eins; sie differiren, wie Ursache und Wirkung. Wie kann Spinoza sagen, der Mensch sey in iedem Augenblicke seiner Existenz selbst eine Idee oder Empfindung, oder Bestreben.

Xenophanes.

Paradox scheint der Satz, wie so viele andre in Spinoza; allein er scheint es auch nur, weil er

---

3) Man verwechselt die Errinnerung mit dem Bewußtseyn selbst. Es giebt keine Vorstellungen, Gefühle, Bestrebungen, ohne Bewußtseyn, aber es giebt Vorstellungen, Gefühle, Bestrebungen, deren wir uns nicht errinnern, ob wir uns ihrer gleich im Augenblicke ihres Entstehens und ihrer Dauer, bewußt waren, welche augenblicklich vergehen, ohne eine Spur hinter sich zu lassen. Während wir schlafen z. B. geht in uns eine wechselnde Reyhe von Bestrebungen und Gefühlen vorüber, deren wir uns auch, eines ieden in dem Momente seiner regen Dauer in uns, bewußt sind, allein es fehlt uns die Errinnerung der einzelnen derselben, nichts bleibt zurück, als ein allgemeines Gefühl von Erquickung oder Ermattung. Nicht anders ist es im Zustande der Ohnmacht.

er die Sache darstellt, wie sie ist, nicht, wie sie scheint. — Ihr behauptet: das Wesen des Geistes besteht in der Denkkraft. Spinoza sagt: Wenn ich euch auch den Begrif einer Kraft zugebe, so kann ich doch diese Kraft nicht *euer Wesen* nennen. Weder steht ihre Thätigkeit in eurer Willkühr, noch kennt ihr sie auch wirklich. Die Kraft bringt erst euer Ich hervor; und dann erst, wenn dieses sich aus derselben entwickelt hat, könnt ihr sagen: *wir sind, das sind wir*; denn mit dem Selbstgefühle beginnt erst euer Daseyn und euer Wesen. Wenn ihr nun um den Begrif eurer Natur gefragt werdet, so könnt ihr ihn nicht anders bilden, als indem ihr beobachtet, was in euer Selbstgefühl eindringt; in welchen Verhältnissen ihr euch nun auch befindet, so schaut ihr entweder etwas an, oder ihr fühlt Schmerz und Vergnügen, oder ihr begehrt, oder verabscheut, in dieser Thätigkeit ist eine Veränderung eures Ichs, eine gewisse Art euch selbst zu fühlen.¹) Ob ihr nun sagt, ich bin jetzt so oder so modifizirt, oder ich

---

1) Jener Blindgebohrne welcher sein Gesicht wieder bekam, nannte ein neues Object, welches man ihm zeigte eine neue Art zu fühlen. Der Blindgebohrne war hier ein gründlicherer Psycholog als die geübtesten Seher.

ich bin diese Vorstellung, oder Gefühl oder Bestreben, das ist völlig einerley; die Idee: ich bin ist nichts anders als die: ich fühle mich auf eine gewisse Art, und diese ist im Grunde nichts als: ich bin jetzt diese oder jene Vorstellung, Gefühl oder Bestreben. Doch nein: nicht ich bin, müssen wir sagen, sondern ich war eben eine Vorstellung u. s. w.; denn der Mensch kann jedes Moment seines Zustandes erst dann beobachten, wenn es vorüber geschwunden ist; in sich und außer sich kann er immer nur sagen: das war, nie: das ist. Wenn wir eine Vorstellung, (oder Empfindung, Bestreben,) als von uns gesondert, als einen Gegenstand ansehn, wenn wir das Denkende und das Gedachte (Fühlende oder Gefühlte, Begehrende oder Begehrte) unterscheiden, dann hat dieser Zustand selbst (des wirklichen Vorstellens) in uns, als Aktus, schon aufgehört, und es ist schon ein neuer da, nämlich der Zustand des Vorstellens jenes Zustandes des Vorstellens, und wenn wir diesen Zustand nun wieder, als Gegenstand betrachten, dann ist auch er schon wieder verschwunden, und ein neuer angegangen, und so fort bis ins unendliche.¹)

Par=

1) Der Mensch wird alles selbst, was er empfindet, sagen mehrere Psychologen, er neigt sich zu der Blume

die

Parmenides.

Das ist eine Analyse, bey der mir schwindelnd wird, von der ich auch gestehe, daß ich sie nicht ganz penetrire.

Xenophanes.

Es hat mir auch lange Zeit und viele Anstrengung gekostet, ehe ich diese Ideen Spinozas fassen konnte. Deutlicher kann ich sie unmöglich machen; sie werden dir nach und nach von selbst einleuchten, wenn du den menschlichen Geist in seinen Zuständen scharf und unbefangen beobachtest. Ich sage unbefangen; denn um den Menschen in seiner wahren Gestalt zu sehn, mußt du dich aus dem Blendwerke psychologischer Definiti-

die er mit Wohlgefallen betrachtet, und erhebt sich zu dem Felsengipfel, der ihm von einer schwindelnden Höhe herabdroht; überhaupt wird er nur dadurch der Erkenntniß von außer ihm befindlichen Wesen, und des Mitgefühls ihrer Zustände fähig, daß er, auf einige Zeit das selbst wird, was er sich vorstellt. „Wenn wir die Realisirung der Erscheinungen wegnehmen, auf der dieses Raisonnement beruht; so erhalten wir statt einer cirkelförmigen Beobachtung einen wahren Satz, daß der Mensch in jedem Momente seines Daseyns eine Vorstellung, Empfindung, Bestreben und in seinem gesammten Daseyn eine Reihe solcher Zustände ist,

nitionen herausreißen, welche insgesammt nichts sind als Zauberkreiße, die uns immer an denselben Punkt fesseln. — So viel siehst du indessen wohl, daß Spinoza Grund hat, zu sagen; das Wesen, welches wir Mensch nennen, sey seiner wahren Natur nach, nichts anderes, als eine Reihe von Vorstellungen.¹)

Parmenides.

Allein, wenn man nun dem Spinoza auch alles dieses zugäbe, so ist er doch gegenseitig auch verbunden, zuzugestehn; daß diesen Reihen von Vorstellungen besondere für sich bestehende Kräfte zum Grunde liegen müssen, in denen die wahre Substantialität der denkenden Wesen besteht.

Xenophanes.

Spinoza ist eben so wenig hier genöthigt, substantielle Kräfte anzunehmen, als bey der Körperwelt. Was ihr Kräfte nennt, sagt er; sind nichts

---

¹) Empfindnisse, Begierden und Verabscheuungen rechnet Spinoza zu den Vorstellungen. Der Grund dieser seiner Reduktion erhellt, dünkt mich, hinlänglich aus dem, was zeither von seiner Psychologie vorgetragen worden ist.

nichts, als Geschöpfe eures absondernden Verstandes, blos metaphysische Wesen ohne Realität. Keine Erfahrung hat euch von einem Dinge dieser Art unterrichtet, und, wenn euch euer Verstand nöthigte, für die Reihen von Vorstellungen, die das ausmachen, was wir Seelen nennen, gewisse substantielle Kräfte anzunehmen, aus denen sie sich entwickeln; so nöthigt mich der meinige mit weit mehrerem Grunde, nichts mehr anzunehmen, als daß Vorstellung auf Vorstellung folgt bin ins Unendliche.¹) ²)

Der

1) Spinoza Eth. P. II. Prop. XLVIII. Schol. Facultates intelligendi, cupiendi, amandi etc. vel prorsus fictitiae sunt, vel nihil praeter entia metaphysica, siue vniuersalia, quae ex particularibus formare solemus; adeo vt intellectus et voluntas ad hanc et illam ideam vel ad hanc et illam volitionem eodem modo sese habeant, ac lapideitas ad hunc et illum lapidem, vel vt homo ad Petrum et Paulum. S. auch das Schol. der letzten Proposition dieses Theiles.

2) Ich habe diesen ganzen Abschnitt von den Grundsätzen Spinozas im Betreff der Seele, so viel als möglich, noch deutlicher zu machen gesucht, als ich es in meiner genannten Abhandlung über M. O. d. Sp. gethan hatte. Und es bedarf auch nur eines hohen Grades von Verdeutlichung derselben, um zu zeigen, daß Mendelssohns Einwürfe den Spinozismus nicht

im

Der gesammte Junbegrif aller dieser Modifikationen des Denkens nun, aller dieser Arten

L 2 des

im mindesten schwächen; neue Verstärkungsgründe hinzuzufügen, habe ich weder Beruf noch Lust. Durch diese mehrere Aufklärung der psychologischen Principien Spinozas glaube ich auch zugleich auf die Einwürfe des Recensenten jener Abhandlung in der allgemeinen deutschen Bibliothek hinlänglich geantwortet zu haben. „Wann ich selbst, sagt dieser scharfsinnige Mann, im angef. B. S. 128.) nichts anders bin, als eine Bestimmung, ein Gedanke einer höhern denkenden Substanz, wie kann ich mich für eine eigene von allen andern mich umgebenden Dingen unterschiedene Kraft halten?" Ich kann dieses nur so lange, antwortet Spinoza, als ich mich für frey und unabhängig halte, sobald ich meine Verbindung mit dem All einsehe, hört die Täuschung auf. — Wie kann, dürfte ich nach meinem obigen Beyspiele fragen: der Betrachter des überzogenen Gemähldes die durch die Oeffnungen der Decke ihm erscheinenden Partien für besondre Stücke halten? Weil er ihren Zusammenhang mit dem Ganzen nicht einsieht; geschieht dieß, so hält er sie auch nur für abgebrochene Stücke. — „Wie kann, fährt er fort, eine Vorstellung wieder andre Vorstellungen wirken, und alle diese Wirkungen auf sich selbst, als auf ein einziges Subjekt beziehen? Wie ist Erinnerung und das Gefühl der Personalität ohne Einheit der Kraft möglich?" Eine Vorstellung kann

nicht

des Bewußtseyns, macht die unendliche denkende Substanz nach Spinza aus. Wenn es demnach die

nicht nur nach Spinoza andre Vorstellungen bewirken, sondern sie muß es nothwendig. Ferner: der Theil der Materie, welcher meinen Körper ausmacht, bleibt trotz Wechsel und Verwandlung derselbe, die Bestimmungen desselben, die vormals Ideen verursacht hatten, lassen Spuren zurück, wenn diese erneuert werden, muß auch nothwendig wieder dieselbe Idee erfolgen.*) Dringt man aber weiter in Spinoza, und fordert von ihm, die Möglichkeit des Erinnerns ganz zu erklären; so hat er ja das Recht, dasselbe an seine Gegner zu thun; und keiner derselben wird dieses Geheimniß enträtseln. Gefühl der Personalität, Einheit der Kraft, erklären es schlechterdings nicht; was hilft es uns immer auf unser Fürsichbestehn, auf unsre substantielle Kraft zu provoziren, da wir nicht im geringsten angeben können, wie wir es machen, wenn wir uns einer Idee erinnern. Was wollen wir dem Spinoza antworten, wenn er uns fragt, was wir denn eigentlich selbst willkührlich thun, wenn wir uns auf etwas besinnen? Kein Mensch kann die Art und Weise entwickeln, wie dieses geschieht; und doch müßten wir dieses können, wenn es das Werk unsrer Willkühr;

*) Ueber das Gedächtniß und die Erinnerung handelt Spinoza ausführlich in 2. Th. der Ethik, Prop. XVII. Demonstr. Coroll. Demonstr. Schol. Prop. XVIII. Demonstr. Schol.

die Gränzen des Bewußtseyns sind, die den Gemeinsinn vermögen, mich als ein für sich bestehen-

des

führ, für sich bestehende und wirkende Kraft wäre. — Wir alle müssen demnach auf Naturgesetz provoziren, welches ohne unser Zuthun wirkt, warum soll Spinozen gerade dieß nicht frey stehn? —

„Ob die Veränderungen in unsrer Seele, fährt er fort S. 129. durch äußere Ursachen und Veranlassungen sind bewirkt worden, oder nicht, das ändert in der Sache selbst gar nichts. Genug, sie sind jetzt in uns, wir fühlen, daß wir sie durch eine eigene Kraft in uns hervorgebracht haben, daß sie alle in einem und demselben Subjekte sind, und daß dasjenige, was jetzt in uns denkt, empfindet und handelt, noch eben dasselbe Wesen ist, welches seit dem ersten Anfange unsres Bewußtseyns in uns dachte, empfand und handelte. Dieses Wesen kann also unmöglich selbst wieder ein Gedanke, oder eine Empfindung seyn, sondern es muß wesentlich von seinen Wirkungen verschieden, das heißt, eine Denk= und Vorstellkraft seyn, und folglich ist auch die Idee von dem Ich nicht so ganz leer und ohne Bedeutung, wie sie der Verfasser ausgeben will. Nichts, wird hier Spinoza antworten, bringen wir durch eigne Kraft hervor, man widerlege meine Gründe, ehe man auf den entgegengesetzten Satz baut. Selbstbewußtseyn, Gefühl der Personalität ist nach meinem Systeme nicht nur erklärbar, es ist nothwendig das, was unser

des Wesen, als ein Individuum anzusehn; so sind es hinwiederum eben diese Gränzen, die es mei-

ser Wesen ausmacht, woraus unser Selbstgefühl sich entwickelt; ist nicht blos ein Gedanke, oder eine Empfindung: es ist eine bestimmte Weise der Ausdehnung, ein Theil der Materie, unzertrennlich mit Gedanke und also nothwendig mit Selbstgefühl verbunden. Allein mit allem diesem ist noch kein Fürsichbestehn, keine Substantialität der Geschöpfe bewießen.

(S. 130.) "Was soll man sich doch eigentlich dabey denken: wir sind bloß Zuschauer von Veränderungen, die in einer gewissen Sphäre vorgehn, das ich ist blos das logische Subjekt aller Vorstellungen u. s. w. Mit welchem Rechte kann man doch die Seele, oder das Denkende in uns einen Zuschauer nennen, da sie alle ihre Operationen mit selbstthätiger eigener Kraft wirkt, da alle ihre Veränderungen innigst in ihr Wesen verwebt sind, und genauere psychologische Beobachtungen uns lehren, daß keine einzige, auch noch so unmerkliche und schwache Vorstellung verlohren geht, kein einziger Eindruck, welcher auf sie einmahl gemacht worden, gänzlich verlöscht, sondern sich mit zu der großen Masse ihrer Ideen gesellet, welche jedesmal ihrer wirksamen Kraft die Richtung geben? Das Denkende kann ja unmöglich von den Gedanken unterschieden seyn, und gleichsam außer denselben existiren, sondern diese machen ja mit ihm nur Eines aus, und sind nichts anders als

meiner Vernunft unmöglich machen, mich für etwas mehr, als einen Theil eines allgemeinen unendlichen Bewußtseyns zu halten.

L 4 Was

als dessen verschiedene Bestimmungen und Arten, wie sich seine Thätigkeit äussert. Aber dieses Denkende soll selbst nur ein logisches Subjekt aller Vorstellungen seyn. Dieser Ausdruck kann nichts anders sagen wollen, als ein scheinbares täuschendes Subjekt, und dann setzt es nothwendig wieder ein andres reelles Subjekt voraus, dem es so erscheint. Wollen wir also den Schein nicht bis ins Unendliche ausdehnen, so müssen wir doch endlich einmal bey einem vollständigen reellen Subjekt stehen bleiben, und warum wollen wir uns denn noch erst einen so großen Umweg machen, und nicht lieber gleich dieß logische Subjekt, welches allen unsern Vorstellungen zum Grunde liegt, für jenes Reelle selbst halten, welches wir doch durchaus anzunehmen gezwungen sind. „1) In welchem Sinne der Spinozist das Ich blos einen Zuschauer nennt, mit welchen Gründen er erweißt, daß es nichts für sich, nichts nach Willkühr wirkt, das erhellet aus meinem Einleitungsgespräche (von der 1. S. an.) 2) Daß das Gedächtniß und sein Einfluß auf die Art zu denken, zu empfinden, zu begehren und zu verabscheuen, nach Spinozas Systeme nicht mehr und nicht weniger erklärt wird, als nach jedem andern, habe ich eben erwiesen. 3) Ein logi-

sches

Was von den Seelen der Menschen gilt, gilt auch von den Seelen der Thiere, ja von den See-

sches Subjekt heißt keinesweges ein täuschendes Subjekt, sondern ein Begrif, welcher keinen objektiven Gehalt hat, welcher von der Natur des Dinges, auf welches er hindeutet, nichts aussagt. Nun ist das ich ein solcher Begrif; es bezieht sich auf einen Gegenstand, aber es erklärt nichts von seiner Natur; man kann also auch aus ihm keinen Beweiß für die Substantialität der Seele nehmen.

„Aber was ist es denn (S. 131.) was diese Reihen von Vorstellungen verknüpft, welche den Menschen ausmachen sollen? Was giebt ihnen den Zusammenhang, die Ordnung und Einheit, die wir unter ihnen wahrnehmen? Warum hängen sie sich gerade in so regelmäßiger Verbindung an einander, und folgen sich nach so unveränderlichen Gesetzen? Läßt sich dieß wohl auf irgend eine vernünftige Art einsehn, wenn kein einfaches Subjekt da wäre, welches alle diese zerstreuten Vorstellungen zusammenhielte, und nach bestimmten Regeln ordnete? Mich dünkt, schon allein diese Einheit im Mannigfaltigen, diese Regelmäßigkeit der Zusammensetzung, die wir bey allen oft anscheinenden Unordnungen dennoch gewahr werden, wenn wir genauer den ganzen Gang unsrer Ideen untersuchen, wäre hinreichend, uns davon zu überzeugen, daß der Mensch nicht bloß eine Reihe von Vorstellungen seyn kann, sondern, daß al-

len

Seelen aller, selbst der leblosen Dinge. Denn nach Spinoza entwickelt sich nothwendig mit jedem werdenden Wesen auch zugleich die Idee desselben. Keine derselben besteht für sich; so wie die Weisen der Ausdehnung so zusammenhängen, daß sie nur eines und dasselbe Individuum ausmachen, so hängt auch jede Reihe von Vorstellungen, die wir Seele nennen, mit einer andern zusammen, diese wieder mit einer andern, und sofort bis ins Unendliche.

L 5 So-

len diesen Reihen von so mannigfaltigen und auf einanderfolgenden Vorstellungen eine reelle für sich bestehende und vereinigende Denkkraft zum Grunde liegen müsse." Die Nothwendigkeit hiervon wird Spinoza'n nicht einleuchten, so lange er aus seinem Systeme alle diese Erscheinungen eben so gut erklären kann, als aus irgend einem andern. Und wenn er nun fragen sollte: wie bewerkstelligt ihr für euch bestehende Denkkräfte denn diese Einheit im Mannigfaltigen, und diese Regelmäßigkeit der Zusammensetzung, die in euren geistigen Wirkungen herrscht? „Kann man ihm wohl die kleinste Thätigkeit der Seele erklären? Mit den Wörtern einfach und Kraft ist es doch nicht allein gethan; man zeige, was die substantiellen Kräfte für sich wirken, das heißt, man zeige, wie sie, einem selbstgebildeten Endzwecke zufolge, unabhängig von andern, thätig sind, und Spinoza wird gern seine Meynung gegen diese aufgeben.

So ergänze ich mir Spinozas Ideen über diesen Punkt, und vielleicht dürfte durch diese Darstellung selbst die Einbildungskraft gewissermaßen mit seiner Lehre versöhnt werden. Freylich wird dadurch bey Niemand eine Ueberzeugung von derselben bewirkt werden; diese war vielleicht nur in dem Geiste dessen möglich, welcher dieses System erbaute, und doch bey ihm auch nur in denen Stunden möglich, wo er vertieft in seinen Spekulationen lebte. Aber es erhellet doch daraus die Möglichkeit, wie ein so scharfsinniger Kopf auf eine Meynung gerathen konnte, die aller Erfahrung zu widersprechen scheint.

Hat Spinoza nun erwiesen, daß nichts getrennt, nichts wahrhaft gesondert ist, nichts für sich wirkt, weder in der Körper- noch in der Geisterwelt; so steht auch sein Satz fest: alles ist Eines und Eins ist alles; das All der Welt ist das nothwendige Wesen.¹) Dieses ist der Mittelpunkt

---

1) Es ist wahr, die Vernunft geräth bey ihren transscendentalen Behauptungen, welche das Feld aller möglichen Erfahrung überspringen, fast allezeit in einen Widerstreit; das heißt: man kann von zweyen entgegengesetzten Meynungen, scheinbar anschaulich alle beyde demonstriren, im Grunde aber gar keine. Doch ist

punkt von Spinozas metaphysischem Systeme, und man muß erst seine Gründe widerlegt haben,

um

ist dieses bey der Behauptung der Existenz des nothwendigen Wesens gewiß der Fall nicht. Und, obschon der tiefsinnige Verfasser der Kritik der Vernunft auch hier eine Antinomie annimmt; so würde sich dennoch Spinoza aus diesen herauszuwickeln wissen: „Setzet, sagt Kant, die Welt selber oder in ihr sey ein nothwendiges Wesen, so würde in der Reihe ihrer Veränderungen entweder ein Anfang seyn, der unbedingt nothwendig, mithin ohne Ursache wäre, welches den dynamischen Gesetzen der Bestimmung aller Erscheinungen in der Zeit widerstreitet, oder die Reihe selbst wäre ohne Anfang, und, obgleich in allen ihren Theilen zufällig und bedingt, im Ganzen dennoch schlechthin nothwendig und unbedingt, welches sich selbst widerspricht; weil das Daseyn einer Menge nicht nothwendig seyn kann, wenn kein einziger Theil derselben ein für sich nothwendiges Daseyn besitzt" — Daß der erste Fall unmöglich ist, erhellt von selbst; denn ein nothwendiges Wesen muß immer schlechterdings nothwendig gewesen seyn; (alle diese Ausdrücke sind hier blos subjektiv zu verstehn). Es kann also keinen Anfang gehabt haben. Und dieses ist gar nicht widersinnig; denn das nothwendige Wesen, welches an sich von allen Verhältnissen der Zeit und des Raumes frey ist, als welche nur in unsrer Vorstellungsart bestehen, kann auf keine Weise nach

den

um wie Mendelssohn sagen zu können: es lassen sich Wesen denken, die nicht blos als Modifi-

den Bedingungen der Zeit und des Raumes beurtheilt werden Alsdenn können in dem nothwendigen Wesen schlechterdings keine Theile angenommen werden; (partes, sagt Spinoza, Ethik P. I. Prop. XXII. in quas substantia diuideretur, vel naturam substantiae retinebunt, vel non. Si primum, tum vnaquaeque pars debebit esse infinita et caussa sui et constare debebit ex diuerso attributo, adeoque ex vna substantia plures constitui poterunt; quod est absurdum. Adde, quod partes nihil commune cum suo toto haberent, et totum absque suis partibus et esse et concipi possit, quod absurdum esse nemo dubitare poterit. Si autem secundum ponatur, quod scilicet partes naturam substantiae non retinebunt;ergo cum tota substantia in aequales partes esset diuisa, naturam substantiae amitteret et esse desineret; quod est absurdum.) und nichts in ihm kann zufällig seyn. Den Begrif eines nothwendigen Wesens aus einer Menge zufälliger oder nothwendiger Dinge zusammenzusetzen, ist gleich widersprechend. Aus vielen zufälligen Dingen wird nur ein nothwendiges, und mehrere nothwendige Dinge sind unmöglich.

Setzet dagegen, fährt er fort, es gebe eine schlechthin nothwendige Weltursache außer der Welt, so würde dieselbe als das oberste Glied in der Reihe der Ursachen der Weltveränderungen das Daseyn der letztern und ihre Reihe zuerst anfangen. Nun müßte sie aber alsdann auch anfangen zu handeln,

und

difikationen eines andern Wesens bestehen, sondern ihre eigene Beständheit haben. Der Widerleger Spinozas würde aber seinen Endzweck sehr verfehlen, wenn er glaubte: er könne alles gelten lassen, was Spinoza mit geometrischer Schärfe aus seiner Erklärung der Substanz herleitet, aber nur von dem selbstständigen Wesen, dem allein Unendlichkeit der Kraft nach), und nothwendiges unabhängiges Wesen zukommt, keinesweges aber von denen für sich bestehenden Dingen. Denn alle Schlüsse, die Spinoza vom Begriffe des nothwendigen Wesens aus fortkettet, gehn in der strengsten Bündigkeit zu dem Satze hin, daß nichts für sich besteht, alles in Gott ist, als

der

und ihre Kauffalität würde in die Zeit, eben darum aber in den Inbegrif der Erscheinungen, d. h. in die Welt gehören, folglich sie selbst, die Ursache, nicht außer der Welt seyn, welches der Welt entspricht." Dieß ist Spinozas Argument selbst; mit diesem gieng er von der gemeinen Meynung ab: Eine erschaffende Kraft, ein Uebergang des Unendlichen in das Endliche, ein Beginnen der Zeit ohne Zeit schienen ihm widersinnige Dinge; da er hingegen bey der entgegengesetzten Meynung nichts widersprechendes annehmen zu müssen glaubte.

der innwohnenden Ursache der Dinge; quid, quid est, in deo esse, et nihil sine deo esse, nec concipi posse, deum omnium rerum caussam esse immanentem, non autem transientem. Prop. XV. et XVIII. P. I. Ethic. Mendelssohn traut also seiner Bemerkung, daß Dinge für sich bestehen, ohne deßhalb selbstständig zu seyn, zu viel zu. Ganz ohne Beweiße hingeworfen, wie sie ist, verschaft sie vielleicht nur der Idee jenes Weltweisen mehrern Eingang. Er will nicht beweisen, daß alles Für sich bestehende nur eins sey, sondern daß gar nichts für sich bestehe; und so lange seine Gründe nicht widerlegt sind, bringt er nicht etwa blos heraus: **daß alles Selbstständige nur Eins ist,** sondern daß alles, das scheinbar Fürsichbestehende mitgerechnet, nur Eins ist. Er will nicht darthun: daß der gesammte Innbegrif alles Endlichen eine einzige selbstständige Substanz ausmache, sondern daß gar nichts wirklich endliches ist; und bevor man dieß nicht widerlegt hat, erhält er doch etwas mehr, als daß der Innbegrif der endlichen Dinge von der einzigen unendlichen Substanz abhängen müsse. Doch mehr durfte Mendelssohn nicht zugeben, um mit Spinoza zum Zwecke zu kommen.

Du

Du siehst zugleich, wie der Satz beschaffen ist, von welchem Mendelssohn bey seiner Widerlegung Spinozas ausgeht, und von welchem er sagt, daß ihn dieser Weltweise mit ihm gemein habe: Das nothwendige Wesen denkt sich selbst schlechterdings nothwendig; denkt die zufälligen Wesen als auflößbar in unendliche Reyhen, als Wesen, die ihrer Natur nach rückwärts eine Reyhe ohne Anfang zu ihrem Daseyn voraussetzen, und vorwärts eine Reyhe ohne Ende zur Wirklichkeit befördern. Wenn man von ungefähr auf diesen Satz stieße; so könnte man leicht glauben, es sey gerade einer von denen, die man dem Spinoza entgegenstellen, und durch deren Erweisung man sein System entkräften wolle. Denn er besteht aus solchen Begriffen, die durch Spinozas Lehre aufgehoben werden sollen. Es fällt sogleich in die Augen, daß das nothwendige Wesen vorgestellt wird, wie es sich im Denken von den zufälligen Wesen unterscheidet,¹) wie es sich die zufälligen

---

1) S. Jakobi S. 15. 129. XI. Dieser Gott gehört also nicht zu irgend einer Art der Dinge, und er ist kein abgesondertes einzelnes verschiedenes Ding. So kann ihm auch keine von den Bestimmungen zukommen, welche

fälligen Dinge und Reihen denkt, ¹) wie es sich diese Reihen rückwärts und vorwärts denkt, welches alles Vorstellungsarten sind, die durch Spinozas System völlig vernichtet werden sollen.

Par⸗ welche einzelne Dinge unterscheiden, eben so wenig ein eigenes besonderes Denken und Bewußtseyn, als eine besondere Ausdehnung, Figur, Farbe; oder was sonst genannt werden mag, das nicht bloßer Urstoff, reine Materie, allgemeine Substanz ist.

1) *Vnum* dicunt significare aliquid reale extra intellectum; verum quidnam hoc enti addat, nesciunt explicare, quod satis oftendit, illos entia rationis cum ente reali confundere; quo efficiunt, vt id, quod clare intelligunt, confusum reddant. Nos autem dicimus *Vnitatem* a re ipsa nullo modo distingui, vel enti nihil addere; sed tantum modum cogitandi esse, quo rem ab aliis separamus, quae ipsi similes sunt, vel cum ipsa aliquo modo conueniunt. Vnitati vero opponitur *multitudo*, quae sane rebus etiam nihil addit, nec aliquid praeter modum cogitandi est, quemadmodum clare et distincte intelligimus. Nec video, quid circa rem claram amplius dicendum restat; sed tantum hic notandum est, Deum, quatenus ab aliis entibus eum separamus, posse dici vnum; verum quatenus concipimus eiusdem naturae plures esse non posse, vnicum vocari At vero, si rem accuratius examinare vellemus, possemus forte oftendere, Deum non nisi improprie vnum et vnicum vocari, sed res non est tanti, immo nullius momenti iis, qui de rebus, non vero de nominibus sunt solliciti, (Cogit.

Parmenides.

Ich gestehe es, mein Freund, Mendelssohns Gründen wird Spinoza noch entschlüpfen. Allein ich

git. Metaphyſ. P. I. c. VI.) — — Quod demonſtrationem attinet, quam ego in appendice Geometricarum in Carteſii Principia Demonſtrationum ſtabilio, nempe Deum non, niſi valde improprie, vnum vel vnicum dici poſſe; respondes, rem ſolummodo exiſtentiae, non vero eſſentiae reſpectu vnam vel vnicam dici: res enim ſub numeris, niſi poſtquam ad commune genus redactae fuerunt, non concipimus. Qui, v. g. ſeſtertium et imperialem manu tenet, de numero binario non cogitabit, niſi hunc ſeſtertium, et imperialem vno, eodemque, nempe numerorum vel monetarum, nomine vocare queat; nam tunc, ſe duos nummos, vel monetas habere, poteſt affirmare; quoniam non modo ſeſtertium, *) ſed etiam imperialem numeri, vel monetae nomine inſignit. Hinc ergo clare patet, nullam rem vnam, aut vnicam appellari, niſi poſtquam alia res concepta fuit, quae (vt dictum eſt) cum ea conuenit. Quoniam vero dei exiſtentia ipſius ſit eſſentia, deque eius eſſentia vniuerſalem non poſſimus formare ideam, certum eſt, eum, qui Deum vnum vel vnicum nuncupat, nullam de Deo veram habere ideam, vel improprie de eo loqui. (Ep. L. Opp. Poſth. p. 557.)

*) Nach Spinoza iſt alle Trennung und Theilung, die in der Natur erſcheint, nur Folge der Einſchränkung unſerer

ich ahnde schon eine Seite seiner Philosophie, von welcher man ihn sicherer fassen wird. Unterdessen bitte ich dich, mir nächstens die Fortsetzung deiner Kritik der Mendelssohnischen Darstellung des Spinozismus mitzutheilen.¹)

Nach dem Versuche, das Fürsichbestehn der Kreaturen zu erweisen, wirft Mendelssohn die Frage auf: Wie ist Bewegung, wie Mannigfaltigkeit in der Form der Natur, nach seinem Systeme möglich. Diese Frage geschah an Spinoza selbst verschiedene Male; und es ist wahr, daß er in der Ethik sich darüber nirgends besonders erklärt hat; er gesteht vielmehr selbst an einem Orte, daß er seine Gedanken darüber noch nicht ordentlich habe entwickeln können. — Ein Ungenannter fragt ihn ausdrücklich: Ep. XIX. S. 595. Opp.

unserer Sinne und Vorstellungskraft. Aus dem Gesichtspunkte der Substanz betrachtet, existirt weder Theil, noch Individuum, noch Reyhe. (Siehe den XV. Brief in den Opp. Posth. S. 439. ingleichen den XXIX. S. 465.)

¹) Parmenides schweigt von jetzt an, um im zweyten Theile desto mehr, und desto lauter zu sprechen.

Opp. Posth. Difficulter concipere queo, qui a priori corporum exiſtentia demonſtretur, qui motus et figuras habent, cum in extenſione abſolute rem conſiderando nihil tale occurrat. Spinoza antwortet ihm ep. L. XX. 596. weiter nichts, als: ex extenſione, vt Carteſius eam concipit, molem ſcilicet quieſcentem, corporum exiſtentiam demonſtrare non tantum difficile, vt ais, ſed omnino impoſſibile eſt. Materia enim quieſcens, quantum in ſe eſt, in ſua quiete perſeuerabit, nec ad motum concitabitur, niſi a cauſſa potentiori externa; et hac de cauſſa non dubitaui olim affirmare, rerum naturalium principia Carteſiana inutilia eſſe, ne dicam abſurda. In folgendem Briefe geſchieht dieſelbe Frage an ihn, und in der Antwort auf dieſe geſteht er ſelbſt, daß er mit dieſer Materie noch nicht zu Stande ſey. Materia, ſagt er, debet neceſſario explicari per attributum; quod aeternam et infinitam eſſentiam exprimat. Sed de his forſan aliquando, ſi vita ſuppetit, clarius tecum agam; nam hucusque nihil de his ordine diſponere mihi licuit. — Allein in welchem der übrigen Syſteme wird wohl hiervon Rechenſchaft gegeben? Mendelsſohn ſagt in in der folgenden Vorleſung ſelbſt:

selbst: welcher Antispinozist oder Theist weiß von dem Ursprunge der Bewegung besser Rechenschaft zu geben? Er beruft sich auf den Willen Gottes, welcher der Materie die Bewegung mitgetheilt haben soll — und das Berufen auf den göttlichen Willen ist am Ende vom Geständnisse seiner Unwissenheit nicht weit entfernt. (Seit. 234. 235.; die letztern Worte beziehn sich auf eine Stelle Spinozas in der Ethik, P. I. Append. pag. 37. caussas rogare non cessabunt, donec ad dei voluntatem, hoc est ignorantiae asylum confugeris. Was aber die darauf folgenden sagen wollen: Auch Spinoza läßt alle Bewegung aus etwas ähnlichem, das er Willen nennt, entspringen, kann ich nicht einsehn; denn in Spinozas Philosophie findet gar nichts dem Aehnliches Statt, was man Willen nennt; auch kann ich keine Stelle auffinden, wo er dieses geäußert habe.)

Indessen wird sich Spinoza mit seinem Begriffe von Materie immer noch besser helfen können, als ieder andre Philosoph mit dem seinigen. Nach ihm ist sie eine Eigenschaft des nothwendigen unendlichen Wesens, eine gewisse Art, wie
das

das unendliche Wesen dem Denken erscheint. Wenn denn nun in diesem nothwendigen unendlichen Wesen keine ruhende Kraft, sondern alles unaufhörlich wirksam ist, so muß nothwendig diese Art der Erscheinung des unendlichen Wesens unter allen Abwechselungen erscheinen, deren sie fähig ist. Und so kommt seine ganze Erklärung der Bewegung auf seinen Grundsatz hinaus: ex necessitate divinae naturae infinita infinitis modis sequi debent, dei potentia est nihil praeter dei actuosam essentiam.

Eine wichtige hiehergehörige Stelle befindet sich in der Ethick P. I. Prop. XXXII. Coroll. II. Voluntas et intellectus ad dei naturam ita se habent, vt motus et quies, et absolute, vt omnia naturalia, quae a deo ad existendum et operandum certo modo determinari debent. Nam voluntas, vt reliqua omnia, caussa indiget, a qua ad existendum et operandum certo modo determinetur. Et quamuis ex data voluntate, siue intellectu infinita sequantur; non tamen propterea deus magis dici potest ex libertate voluntatis agere, quam propter ea, quae *ex motu et quiete sequuntur*, (*infinita enim ex his etiam sequuntur*,) dici potest

poteſt ex libertate motus et quietis agere. Quare voluntas ad Dei naturam non magis pertinet, quam reliqua naturalia: ſed ad ipſam eodem modo ſeſe habet, vt motus et quies et reliqua omnia, quae oſtendimus ex neceſſitate diuinae naturae ſequi.

Bewegung und Form der Körper haben alſo ihren Urſprung in dem Ganzen. So wenig die ſcheinbaren Theile ein abgeſondertes Daſeyn haben, ſo wenig haben ſie auch eine beſondre Bewegung, eine beſondre Form. Keine Bewegung kann demnach beginnen oder aufhören, und das, was wir die Form eines Körpers nennen, iſt nur ein Bruchſtück von der unendlichen Organiſation der unendlichen Natur.

Omnia corpora, ſagt er, ab aliis circumcinguntur et ab inuicem determinantur ad exiſtendum et operandum certa ac determinata ratione, ſeruata ſemper in omnibus ſimul, hoc eſt, in toto vniuerſo eadem ratione motus ad quietem; hinc ſequitur, omne corpus, quatenus certo modo modificatum exiſtit, vt partem totius vniuerſi, conſiderari debere cum ſuo toto conuenire, et cum reliquis cohaerere; et quoniam natura vniuerſi

non

non est limitata, sed absolute infinita, ideo ab hac infinitae potentiae natura eius partes infinitis modis moderantur et infinitas variationes pati coguntur. Ep. XV. pag. 439.

Einen ähnlichen Mangel glaubt Mendelssohn bey der Geisterwelt in Spinozas Systeme zu entdecken; Güte und Vollkommenheit, Lust und Unlust, Schmerz und Vergnügen sollen nach seinen Grundsätzen unerklärbar seyn. Allein, wenn sie bey ihm unerklärbar sind, so sind sie es mit eben dem Rechte bey allen denen, welche die verschiedenen Vermögen der Seele auf ein Grundvermögen zurückgeführt haben. Angenehm oder unangenehm empfinden, begehren, verabscheuen, sind beym Spinoza Arten des Denkens, Vorstellungen; diese sind bald vollständig, bald unvollständig, je nachdem wir entweder ganz, oder nur zum Theil die Ursachen davon bewirken, d. h. je nachdem sie ganz oder zum Theil in der Sphäre unsers Bewußtseyns liegen. Angenehm oder unangenehm empfinden, begehren, verabscheuen, wollen und nicht wollen, sind im Grunde nur Arten des Bejahens und Verneinens, welche jeder Begrif, als Begrif, nothwendig mit sich führt.

In mente, sagt er Eth. P. II. Prop. XLVIII. nulla est absoluta, siue libera voluntas; sed mens ad hoc vel illud volendum determinatur a caussa, quae etiam ab alia determinata est, et haec iterum ab alia et sic in infinitum.

Dem. Mens certus et determinatus modus cogitandi est, (per prop. 11. huius) adeoque (per Coroll. 2. prop. 17. p. 1.) suarum actionum non potest esse caussa libera, siue absolutam facultatem volendi et nolendi habere non potest; sed ad hoc, vel illud volendum (per prop. 28. pag. 1.) determinari debet a causa, quae etiam ab alia determinata est, et haec iterum ab alia, etc. Q. E. D.

Schol. Eodem hoc modo demonstratur, in mente nullam dari facultatem absolutam intelligendi, cupiendi, amandi, etc. Vnde sequitur, has et similes facultates, vel prorsus fictitias, vel nihil esse, praeter entia Metaphysica, siue vniuersalia, quae ex particularibus formare solemus; adeo vt intellectus, et voluntas ad hanc, et illam ideam, vel ad hanc, et illam volitionem eodem modo sese habeant, ac lapideitas ad hunc, et illum lapidem, vel vt homo ad Petrum ac Paulum. Causam autem,

tem, cur homines se liberos esse putent, explicuimus in Appendice partis primae. Verum antequam vlterius pergam, venit hic notandum, me per voluntatem affirmandi et negandi facultatem, non autem cupiditatem intelligere; facultatem, inquam intelligo, qua mens, quid verum, quidue falsum sit, affirmat vel negat, et non cupiditatem, qua mens res appetit, vel auersatur. At postquam demonstrauimus, has facultates notiones esse vniuersales, quae a singularibus, ex quibus easdem formamus, non distinguuntur, inquirendum iam est, an ipsae volitiones aliquid sint, praeter ipsas rerum ideas. Inquirendum, inquam, est, an in mente alia affirmatio, et negatio detur praeter illam, quam idea, quatenus idea est, inuoluit, (qua de re vide sequentem propositionem; vt et Definitionem 3. huius,) *ne cogitatio in picturas incidat.* Non enim per ideas imagines, quales in fundo oculi, et, si placet, in medio cerebro formantur; sed cogitationis conceptus intelligo.

Prop. XLIX. In mente nulla datur volitio, siue affirmatio, et negatio praeter illam, quam idea, quetenus idea est, inuoluit.

Dem. In mente (per prop. praeced.) nulla datur absoluta facultas volendi et nolendi; sed tantum singulares volitiones, nempe haec, et illa affirmatio et haec, et illa negatio. Concipiamus itaque singularem aliquam volitionem, nempe modum cogitandi, quo mens affirmat, tres angulos trianguli aequales esse duobus rectis. Haec affirmatio conceptum, siue ideam trianguli inuoluit, hoc est, sine idea trianguli non potest concipi. Idem enim est, si dicam, quod A conceptum B debeat inuoluere, ac quod A sine B non posset concipi. Deinde haec affirmatio (per Axiom. 3. huius.) non potest etiam sine idea trianguli esse. Haec ergo affirmatio sine idea trianguli nec esse, nec concipi potest. Porro haec trianguli idea hanc eandem affirmationem inuoluere debet, nempe quod tres eius anguli aequentur duobus rectis. Quare et vice versa haec trianguli idea, sine hac affirmatione nec esse, nec concipi potest, adeoque (per Defin. 2. huius.) haec affirmatio ad essentiam ideae trianguli pertinet, nec aliud praeter ipsam est. Et quod de hac volitione diximus (quandoquidem eam ad libitum sumpsimus) dicendum etiam est de quácuncunque volitione, nempe, quod praeter ideam nihil fit. Q. E. D.

Coroll. Voluntas et intellectus vnum et idem funt.

Dem. Voluntas, et intellectus nihil praeter ipfas fingulares volitiones et ideas funt. (per prop. 48. huius et eiusdem Schol.) At fingularis volitio et idea (per Prop. praced.) vnum, et idem funt, ergo voluntas et intellectus vnum, et idem funt. Q. E. D.

Allein damit wäre das ganze Wesen der Empfindungen noch nicht erklärt. Was bestimmt den Menschen gewisse Dinge zu verneinen oder zu bejahen, wenn sein ganzes Empfindungs- und Begehrungsvermögen hierauf hinaus kommt? — Der Mensch, antwortet unser Weltweise, ist eine bestimmte Weise, durch die sich die wirksame Macht Gottes ausdrückt; diese kann in sich nichts enthalten, was jene zerstöhren, ihr Daseyn aufheben könnte, vielmehr muß sie sich wider alles setzen, was sie von außen her zerstöhren könnte. Der Mensch hat also, wie jedes Ding, den natürlichen Trieb, in seinem Seyn zu beharren.

Ethic.

Ethic. P. III. Prop. VI. Vnaquaeque res, quantum in se est, in suo esse perseuerare conatur. Res enim singulares modi sunt, quibus dei attributa certo et determinato modo exprimuntur, hoc est, res, quae Dei potentiam, qua deus est et agit, certo et determinato modo exprimunt; neque vlla res aliquid in se habet, a quo possit destrui, siue, quod eius existentiam tollat; sed contra ei omni, quod eiusdem existentiam potest tollere, opponitur; adeoque, quantum potest, et in se est, in suo esse perseuerare conatur.

Dieses Bestreben ist nichts anders, als das wirkliche Wesen des Dinges selbst:

Ethic. P. III. Prop. VII. Conatus, quo vnaquaeque res in suo esse perseuerare conatur, nihil est praeter ipsius rei actualem essentiam. Ex data cuiuscunque rei essentia quaedam necessario sequuntur, nec res aliud possunt, quam id, quod ex determinata eorum natura necessario sequitur; quare cuiuscunque rei potentia, siue conatus, quo ipsa vel sola, vel cum aliis quidquam agit, vel agere conatur, hoc est potentia, siue conatus, quo in suo *esse* perseuerare conatur, nihil

hil est praeter ipsius rei datam, siue actualem essentiam.

Ein Affect ist demnach eine Bestimmung des Körpers, wodurch sein wirksames Vermögen befördert oder eingeschränkt wird, und der Begrif von derselben. Die Begriffe von jenen Bestimmugen befördern oder hindern die Wirksamkeit unsers Geistes:

Ethic. P. III. Defin. III. Per affectum intelligo corporis affectiones, quibus ipsius corporis agendi potentia augetur, vel minuitur, iuuatur vel coercetur, et simul harum affectionum ideas. Prop. XI. Quidquid Corporis nostri agendi potentiam auget vel minuit, iuuat vel coercet, eiusdem rei idea mentis nostrae cogitandi potentiam auget vel minuit, iuuat vel coercet.

Eine angenehme Empfindung ist also der Uebergang des Menschen von geringerer Vollkommenheit zu größerer, eine unangenehme, der Uebergang desselben von größerer Vollkommenheit zu geringerer. Eine Begierde ist das Wesen des Menschen selbst, sofern es durch eine jede gegebene Beschaffenheit bestimmt ist, etwas zu thun, oder wie

er

er sich anders wo ausdrückt, das Wesen des Menschen selbst, aus dessen Natur nothwendig folgt, was zu seiner Erhaltung dient. Demnach begehrt der Mensch nichts, weil er es für gut hält, sondern er hält etwas für gut, weil er es begehrt.

Ethic. p. III. Affectt. Definn. I. II. III.

I. Cupiditas est ipsa hominis essentia, quatenus ex data quacunque eius affectione determinata concipitur ad aliquid agendum.

II. Laetitia est hominis transitio a minore ad maiorem perfectionem.

III. Tristitia est hominis transitio a maiore ad minorem perfectionem.

Eth. P. III. Prop. VIIII.

Mens tam quatenus claras, et distinctas, quam quatenus confusas habet ideas, conatur in suo esse perseuerare indefinitâ quâdam duratione, et huius sui conatus est conscia.

Schol. Hic conatus, cum ad mentem solam refertur, voluntas appellatur; sed cum ad mentem et corpus simul refertur, vocatur appetitus, qui proinde nihil aliud est, quam ipsa hominis essentia, ex cuius natura ea, quae ipsius conseruationi inseruiunt, necessario sequuntur; atque adeo homo ad eadem

dem agendum determinatus est. Deinde inter appetitum et cupiditatem nulla est differentia, nisi quod cupiditas ad homines plerumque referatur, quatenus sui appetitus sunt conscii, et propterea sic definiri potest, nempe: cupiditas est appetitus cum eiusdem conscientia. Constat itaque ex his omnibus, nihil nos conari, velle, appetere, neque cupere, quia id bonum esse iudicamus; sed contra nos propterea, aliquid bonum esse iudicare, quia id conamur, volumus, appetimus, atque cupimus.

In wiefern nun das Ganze sich durch die scheinbaren Theile ausdrückt, in sofern gehören ihm alle diese Bestimmungen eigenthümlich zu, keinesweges aber dem Ganzen, oder den Theilen besonders für sich, welches sich ohnehin bey gesunder Vernunft nicht gedenken läßt.

Die Liebe ihrer selbst, so wie die Liebe Gottes, ist in den Geschöpfen nichts anders, als ein Theil der unendlichen Liebe, mit der Gott sich selbst liebt:

Ethic. P. V. Prop. XXXVI. Mentis amor intellectualis erga deum est ipse dei amor, quo deus se ipsum amat, non, quatenus in-

finitus

finitus eſt, ſed quatenus per eſſentiam humanae mentis, ſub ſpecie aeternitatis conſideratam, explicari poteſt, hoc eſt mentis erga deum amor intellectualis pars eſt infiniti amoris, quo deus ſe ipſum amat. P. IV. Prop. IV. Potentia, qua res ſingulares ſuum eſſe conſeruant, eſt ipſa dei ſiue naturae potentia, non quatenus infinita eſt, ſed quatenus per humanam actualem eſſentiam explicari poteſt. Potentia itaque hominis, quatenus per ipſius actualem eſſentiam explicatur, pars eſt infinitae, Dei, ſeu naturae potentiae, hoc eſt eſſentiae.

Wenn wir uns Spinozas Theorie der Empfindungen und des Willens alſo vorſtellen, ſo haben wir dadurch allein ſchon ſeine Erklärungen der Begriffe: gut, bös, vollkommen, unvollkommen.

Ausführlich hat er davon gehandelt im Anhange zum Erſten Theile der Ethik, Opp. Poſth. S. 33. ferner im 4. Th. in der Vorr. und den Definitionen. In der 8. Propoſ. befindet ſich ausdrücklich der Satz: Cognitio boni et mali nihil aliud eſt, quam laetitiae vel triſtitiae affectus, quatenus eius ſumus conſcii. — Dem. Id bonum aut malum vocamus, quod
noſtro

noſtro *eſſe* conſeruando prodeſt vel obeſt, hoc eſt, quod noſtram agendi potentiam auget vel minuit, iuuat, vel coercet. Quatenus itaque rem aliquam nos laetitia vel triſtitia afficere percipimus, eandem bonam aut malam vocamus; atque adeo boni et mali cognitio nihil aliud eſt, quam laetitiae vel triſtitiae idea, quae ex ipſo laetitiae vel triſtitiae affectu neceſſario ſequitur. At haec idea eodem modo vnita eſt affectui, ac mens vnita eſt corpori, hoc eſt, haec idea ab ipſo affectu, ſiue ab idea corporis affectionis reuera non diſtinguitur, niſi ſolo conceptu; ergo haec cognitio boni at mali nihil eſt aliud, quam ipſe affectus, quatenus eiusdem ſumus conſcii.

Kein Theil des Spinoziſtiſchen Syſtems iſt ſo deutlich auseinandergeſetzt, und mit ſo wichtigen Gründen unterſtützt, als die Lehre von den Urſachen unſrer Handlungen, und wenn man ſie mit keinen andern Waffen beſtreiten kann, als mit denen, die Mendelsſohn hier gebraucht, ſo würde ſie wohl unerſchüttert bleiben.

Spinoza, sagt Moses (S. 224.), hatte in seinem Systeme für das nicht zu sorgen, dessen Daseyn er nicht zugestand; mithin wird ihm Freyheit, Wille und Willkühr, und alles, was davon abhängt, weiter keine Schwierigkeit machen können. Allein hiermit ist gleichwohl im Grunde dem Uebel nicht abgeholfen. Alles, was Spinoza wider Freyheit und Willkühr zu erinnern hat, trift blos das System des vollkommenen Gleichgewichtes, das er allein Freyheit nennet. Er erkennet keine andre Zwanglosigkeit, als die Befreyung von allem Einflusse der Bewegungsgründe und Triebfedern, von aller mitwirkenden Erkenntniß des vorhergesehenen Guten und Bösen; eigentlich dasjenige, was die Deterministen das unvollkommene unentschiedene Gleichgewicht nennen. Da er nun einsah, daß die vorhergesehenen Bewegungsgründe und Triebfedern der freyesten Wahl ihre Bestimmtheit und Unausbleiblichkeit geben, so umfaßte er allen Erfolg unter dem vielschichtigen Worte Nothwendigkeit, und sagte, die Wahl oder Willkühr vernünftiger Wesen sey nothwendig. Hingegen muß Spinoza aller seiner Gründe ungeachtet dasjenige, was die Deterministen Freyheit nennen, gar wohl zugeben, oder er streitet mit ihnen blos in Worten.

ten. Er hat keinen Grund diejenige Freyheit aufzuheben, die der Erkenntniß des Guten und Bösen folgt, und von dem vorhergesehenen Besten bestimmt wird. Da er, wenigstens in Absicht auf das Endliche, den Unterschied zwischen Guten und Bösen, Begehrlichem und nicht Begehrlichem, Lust und Unlust u. s. w. nicht leugnen kann; so muß er auch alles zugeben, was aus diesen Ideen folgt: mithin auch ihre Mitwirkung auf die Bestimmung des Endlichen, ihren Einfluß auf die Abänderungen des denkenden Wesens. Wenn wir also dem Worte Nothwendigkeit seine Vieldeutigkeit nehmen, wenn wir den Begrif genauer bestimmen, einen Unterschied machen zwischen der physischen und sittlichen Nothwendigkeit, und, wie von uns geschehen, das Physischnothwendige aus der Erkenntnißquelle, das Sittlichnothwendige hingegen aus der Billigungsquelle fließen lassen, und wenn uns denn Spinoza diesen Unterschied, der in der Sache selbst liegt, nicht in Abrede seyn kann; so muß er eingestehn, daß das Formale des Denkens von den Materialen desselben zu unterscheiden sey, daß die Eigenschaft zu denken nicht nothwendig die Eigenschaft zu billigen in sich schließen, daß Gutes und Böses, so wie die Zuneigung zu jenem und die Abneigung von diesem, eine andre Quelle haben müssen, als Wahrheit und Unwahrheit." [1])

Laß

[1]) Mendelssohn nimmt ein besonderes Vermögen an, welches er das Billigungsvermögen nennt; dieses ist nach ihm die Quelle von Güte und Vollkommenheit, Lust und Unlust, Schmerz und Vergnügen.

Die Vervielfältigung der Kräfte hat der Psychologie immer mehr geschadet als genutzt, und auch hier sehe ich den Vortheil nicht, den sie dadurch erwarten könnte. Billigung ohne Begierde ist blos ein Erkennen. Allein kaum wird ein wahres Billigen ohne Begierde Statt finden können, wenn sie auch noch so schwach emporstreben sollte. Wir betrachten die Schönheiten der Natur und der Kunst, sagt Moses, ohne die geringste Regung von Begierde, mit Vergnügen und Wohlgefallen. Es scheinet vielmehr ein besonderes Merkmal der Schönheit zu seyn, daß sie mit ruhigem Wohlgefallen betrachtet wird, daß sie gefällt, wenn wir sie nicht besitzen, und von dem Verlangen, sie zu besitzen, auch noch so weit entfernt sind. Dieses widerspricht, dünkt mich, aller Erfahrung. Man kann schlechterdings keine Schönheit sehn, ohne, daß die Begierde sich erheben sollte, sie, wenn auch nicht gleich zu besitzen, dennoch so lange, als möglich, zu sehen. Freylich wäre es ein Unglück, wenn alle die, welche schöne Palläste, Gärten, Gegenden sähen, den Entschluß faßten, sie sich zuzueignen, wenn alle Jünglinge beym Anblicke eines schönen Mädchens die lebhafte Begierde fühlten, sie zu besitzen.

Laß uns sehen, was Spinoza hier erwiedern würde, nach den Grundsätzen, welche Moses ohne Wirkung bestritten hat.

Freyheit ist ein Begrif, den die Täuschung des täglichen Lebens festgesetzt hat, der aber eben deßwegen so innig in unser Wesen verwebt ist, daß die schärfste Spekulation uns nicht davon entwöhnen kann; er sagt nns nichts weniger, als ein unbedingtes Vermögen, so oder anders zu handeln, und jeder Mensch vom Weisesten bis zum Thörichtsten erkennt in seinem handelnden Leben kein andres System, als dieses des völligen Gleichgewichts (die Fälle des offenbaren Zwangs weggerechnet). So bald wir hingegen über den Gang unsrer Veränderungen nachdenken; so entdecken wir, daß alle, selbst die, wo die Wahl uns am meisten überlassen zu seyn schien,

besitzen. Allein, wenn man auch nicht gleich so habsüchtig ist, den schönen Gegenstand eigenthümlich besitzen zu wollen, so wird man doch die Begierde fühlen, ihn immer anschauen zu können. Anschauen der Schönheit ist für den Geist schon eine Art des Besitzes, und das Verlangen, es fortzusetzen, gehört eben so gewiß zu dem Begehrungsvermögen, als die Vorstellnngen, die es erregten, zu dem Erkenntnißvermögen.

schien, von Ursachen abhiengen, die sie nothwendig als Wirkung nach sich zogen, diese wieder von andern, und diese von andern, und so fort. So bald wir uns lebhaft von der Wahrheit dieser Geschichte unsrer Handlungen überzeugen, so müssen wir von der Zeit an einsehen, daß wir uns irrten, wenn wir in irgend einem Falle uns zu einer von mehrern Handlungen selbst zu bestimmen glaubten, daß jene Freyheit ein Zustand ist, in den uns nur der Traum des gemeinen Lebens versetzen kann, dessen Nichtigkeit wir aber sogleich einsehen müssen, so bald uns die Vernunft aus dem Schlafe aufweckt¹). Es sind also in Rücksicht auf die Ursachen unsrer Handlungen nur zwey Systeme möglich: 1) das des völligen Gleichgewichts;

1) Den Mißbrauch des Wortes, Freyheit, wird niemand in den gewöhnlichen Systemen der Metaphysik verkennen, eben so wenig als seine natürlichen Folgen, Dunkelheit und Verwirrung. Hätte man das Wort, Freyheit, ganz weggelassen, und die Frage schlechthin aufgeworfen: hängen die Ursachen unsrer Handlungen von uns ab, hängen sie alle oder nur zum Theil, oder ihrer gar keine von uns ab? so würde man sich nicht erst durch eine Menge von Spitzfindigkeiten haben durcharbeiten müssen, um die Wahrheit zu finden.

wichts; an diesem hangen wir alle in unserm täglichen Leben nicht weniger fest, als an dem Wahne, daß wir es mit Körpern außer uns zu thun haben, da wir doch nie etwas mehr, als die Bestimmungen erfahren, die dergleichen Dinge, wenn sie vorhanden sind, in uns hervorbringen. 2) *Das der nothwendig bestimmenden Bewegungsgründe;* diese mögen nun physisch oder moralisch seyn, wir mögen uns ihrer bewußt oder unbewußt seyn, die Nothwendigkeit ist immer dieselbe. Ob jemand meine Hand mit dem Dolche bewafnet, wider meinen Willen sie in den Busen eines Menschen stößt, oder ob meine eigne Leidenschaft mich zu dieser Handlung fortreißt, ob dieses schneller oder langsamer geschieht, es ist gleich viel; nur bemerke ich in dem einen Falle die Nothwendigkeit sogleich, in den andern nicht, weil ich mir derer nicht von mir abhängenden Ursachen derselben nicht bewußt bin. Die gewöhnlichen Deterministen machen also in der Philosophie eine Gattung von Menschen aus, die der ähnlich ist, welche man in gemeinen Leben Achselträger nennt. Die eine Meinung schämen sie sich anzunehmen, weil sie die Meinung der Kinder so gut als der Männer ist; die andre fürchten sie zu unterschreiben, weil sie

ihre

ihre Ruhe und Glückseligkeit zu zerstöhren scheint. Sie suchen demnach beyde in einem lächerlichen Mittelbinge von Wahrheit und Irrthum zu vereinigen. Man darf indessen den Deterministen das Verdienst nicht absprechen, daß sie die Ursachen unsrer Handlungen in Rücksicht auf unser Bewußtseyn derselben, und die Selbstthätigkeit, die wir dabey anwenden, besonders scharf unterscheiden, daß sie die Grade des Bestimmens der Ursachen von Willkühr bis zur Nothwendigkeit, von Nothwendigkeit bis zum Zwange, feiner als irgend eine Klasse von Psychologen angeben. Nur müssen sie nicht behaupten, das durch diese Beobachtungen, die für die Psychologie unschätzbar sind, das System des Gleichgewichts in gemeinen Leben, und das der nothwendigen Bestimmung unsrer Handlungen in der Metaphysik entkräftet wird. Der Determinist, wenn er bündig ist, muß auf den Fatalismus gerathen, so wie der ausgemachteste Fatalist in seinem Denken und Handeln ein¹) Indifferentist seyn muß. So dachte Spinoza

1) Ea res libera dicetur, quae ex sola suae naturae necessitate existit, et a se sola ad agendum determinatur; necessaria autem vel potius coacta, quae ab alio determinatur ad existendum et operandum certa ac determinata ratione. Ethic. P. I. Defin. VIII. Epinoza

ja über die Freyheit des Menschen. Nur müssen wir bey der Darstellung seiner Ideen hierüber nicht ver-

noza bekam schon sehr geläuterte Begriffe über die sogenannte Freyheit des Menschen aus der Schule des Des Cartes, wiewohl dieser von dem eigentlichen Fatalismus noch weit entfernt war. Die klassische Stelle hierüber ist bey ihm in den Meditat. de prima philosophia IV. pag. 32. wo er sagt: non opus est me in vtramque partem ferri posse, vt sim liber, sed contra, quo magis in vnam propendeo, siue, quia rationem veri et boni in ea euidenter intelligo, siue, quia Deus intima cogitationis meae ita disponit, tanto liberius illam eligo; nec sane diuina gratia nec naturalis cognitio vnquam imminuunt libertatem, sed potius augent, cofroborant. Indifferentia autem illa, quam experior, cum nulla me ratio in vnam partem magis quam in alteram impellit, est infimus gradus libertatis, et nullam in ea perfectionem, sed tantummodo in cogitatione defectum siue negationem quandam testatur, nam si semper, quid verum et bonum sit, clare viderem; nunquam de eo, quod esset iudicandum vel eligendum, deliberarem, atque ita, quamuis plane liber, nunquam tamen indifferens esse possem. Die Stelle ist um desto interessanter, da man insgemein das deterministische System als ein Eigenthum der Leibnitzisch-Wolffischen Schule betrachtet. Von Spinoza gehört besonders hieher Ethic. P. I. Appendix. P. II. Prop. XLVIII. bis zu Ende des ganzen Theils.

vergessen, 1) daß bey ihm kein besondres Vermögen des Willens Statt findet, daß also alles, was wir Begehrungen und Verabscheuungen nennen, bey ihm Bestimmungen des Denkens sind '); 2) daß bey ihm nothwendig Gedanke auf Gedanken folgt; kein Gedanke aber in der Ausdehnung eine Veränderung hervorbringen kann '). Eine Bestimmung der Ausdehnung folgt nothwendig auf eine andre Bestimmung der Ausdehnung, eine Bestimmung des Denkens nothwendig auf eine andre derselben Eigenschaft. In der Reihe der Gedanken wird Spinoza gar nicht leugnen, daß auf eine Vorstellung des Guten, des Angenehmen, eine andre folgt, aber mit eben der Nothwendigkeit,

1) Prop. XLVIII. In mente nulla est absoluta seu libera voluntas; sed mens ad hoc vel illud volendum determinatur a caussa, quae etiam ab alia determinata est, et haec ab alia, et sic in infinitum. — Scholium. — Intellectus et voluntas ad hanc et illam volitionem eodem modo sese habent, ac lapideitas ad hunc et illum lapidem, vel vt homo ad Petrum et Paulum. Prop. XLIX. in mente nulla datur volitio, siue affirmatio et negatio praeter illam, quam idea, quatenus idea est, inuoluit etc.

2) Ethic. P. III. Prop. II. Nec corpus mentem ad cogitandum nec mens corpus ad motum neque ad quietem nec ad aliquid aliud determinare potest.

keit, mit welcher ein ungehemmtes Pendul seine Schwingungen fortsetzt. Er leugnet also als Psychologe die Mitwirkung der Erkenntniß des Guten und Bösen auf die Bestimmung des Endlichen, auf die Abänderung des denkenden Wesens, gar nicht; allein er behauptet, sie sey nothwendig, und nicht von uns abhängig. Was gewinnt man also wohl durch die Unterscheidung der Nothwendigkeit in physische und moralische beym Spinoza? Gewiß gar nichts, bevor man gezeigt hat, daß der Grund unsrer Sittlichkeit und des Verhältnisses der Dinge zu derselben von uns selbst abhängt.

Die letzte Bemerkung Mendelssohns gegen Spinoza ist die, daß er das Unendliche der Kraft nach nicht von dem Unendlichen der Ausbreitung nach unterschieden habe, daß er die intensive Größe mit der extensiven vermenge, und aus einer unendlichen Menge endlicher Gedanken das unendliche Denken, aus einer unendlichen Menge endlicher Weisen der Ausdehnung die unendliche Ausdehnung zusammensetze; nun werde zwar durch die Zusammenhäufung von Dingen derselben Natur ihre Menge und Ausbreitung vermehrt, die auch bis ins unendliche vermehrt werden könne;

ne; allein die Kraft selbst erhalte dadurch keinen
Zuwachs; Spinoza sey also gezwungen, noch ein
der Kraft nach unendliches Wesen anzunehmen,
von dem jene unendliche Menge abhänge; das,
was nur der Zahl nach unendlich ist, könne nicht
durch sich bestehen; den alle ausgebreitete Dinge
seyn nur Aggregate von vielen Dingen, collective
Wesen; ob sich nun schon dieselbe Ausdehnung in
aller Materie finde; so sey doch das Ausgedehnte
nicht immer dasselbe, sey keine wirkliche Einheit,
sondern eine Wiederhohlung einer und eben derselben Beschaffenheit in den kleinsten Theilen der Materie. Damit nun aber die vielen einzelnen Dinge
ein Ganzes ausmachen, müsse noch ein Wesen daseyn, das sie befasse, und zu einem Ganzen ver-
binde. So scheinbar auch dieser Einwurf ist, so
darf man doch nur wenig mit Spinozas Ideen
bekannt seyn, um zu sehn, daß er auf Begriffen
beruht, die dieser Weltweise gänzlich verwarf.
Nur vermittelst der Phantasie, sagt er, mögen
wir uns die Größe als theilbar, endlich, und
vielfach vorstellen. Wenn wir sie mit dem Verstande denken, so müssen wir sie als unendlich,
untheilbar, und einig annehmen. Indem wir
nun Aufeinanderfolge und Größe nach unsrer
Willkühr eintheilen können, wenn wir sie gesön-
dert

dert von der Substanz vorstellen, so entsteht Zeit und Maaß. Diese können wir größer oder kleiner annehmen, wenn wir die Moden für sich betrachten, und nicht die Ordnung der ganzen Natur; denken wir aber die Substanz selbst, so müssen wir diese Vorstellungsart vergessen, oder ihren Begrif zerstöhren. An sich hat die Ausdehnung, so wie das Denken keine Theile; nur dann eignen wir sie ihr zu, wann wir sie betrachten, wie sie unsern Sinnen und unsrer Phantasie erscheint. Demnach machen die Dinge an sich ein unendliches Ganzes aus, und es bedarf keines Wesens, das sie zu einem Ganzen verbindet.¹)

Kaum dürfte es noch nöthig seyn, eine Prüfung des Systems anzustellen, welches Mendelssohn in der folgenden Vorlesung aufstellt. Ich habe gezeigt, daß er den Spinozism gar nicht aus seinem wahren Gesichtspuncte betrachte, daß er diesen vielmehr absichtlich verrückt hat, um von jenem Systeme beliebigen Gebrauch machen zu können; daß alle Anmerkungen, die er dagegen macht, es nicht treffen, indem sie sich alle auf schiefe Deutung seiner Begriffe oder Verschweigung der

stärk-

---

1) Ausführlich hat er von diesen Begriffen gehandelt im XXIX. Briefe pag. 465. Oper. Posthum.

stärksten und wichtigsten Sätze gründen. Die nothwendige Folge davon ist keine andre, als die, daß das unter dem Nahmen eines geläuterten Spinozism von ihm vorgestellte System schlechterdings nicht also genannt werden kann. Der feinere Spinozist, sagt er, giebt den Unterschied zwischen Wahrheit und Güte, Erkenntniß und Billigung zu, und setzt die Quelle des Formalen, so wie die des Materialen in die einzige Substanz der Gottheit; diese Unterschiede sahe Spinoza eben so gut ein; allein er hatte Gründe, alle diese verschiedenen geistigen Thätigkeiten für nichts anders, als Bestimmungen des Denkens zu halten, und indem er es für widersinnig hielt, einen Wechsel, ein Entstehen in der Gottheit anzunehmen, so gerieth er in die Meinung, sie sey nicht eine vorübergehende, sondern die innwohnende Ursache aller Erscheinungen selbst. Der feinere Spinozist, sagt er weiter, räumt den Unterschied zwischen dem Unendlichen der Ausbreitung und dem der Kraft nach ein, und giebt zu, daß das nothwendige Wesen nicht in dem Inbegriff unendlich vieler zufälliger Wesen bestehen könne, sondern daß es in seiner Einheit und der Kraft nach unendlich seyn müsse.

müsse. Demnach nimmt er an, daß sich der göttliche Verstand alle möglichen zufälligen Dinge nebst ihren unendlichen Mannigfaltigkeiten und Veränderungen sammt ihrer Verschiedenheit und Güte, Schönheit und Ordnung, auf das allerdeutlichste und ausführlichste vorgestellt, und daß er, vermöge seiner allerhöchsten Billigungskraft der besten und vollkommensten Reihe der Dinge den Vorzug gegeben habe; allein er sieht keinen Grund, warum er sich und der Welt, die ihn umgiebt, etwas mehr zuschreiben sollte, als das idealische Daseyn in dem göttlichen Verstande, sie für etwas mehr halten sollte, als für bloße Gedanken Gottes und Modificationen seiner Urkraft. Diese Meinung habe so viele Gründe für sich, als irgend eine haben kann, so viel ist gewiß, man kann sie nicht einmal einen geläuterten Spinozism nennen. Der wahre Spinozist darf Gott auch nicht von denen idealisch in ihm existirenden Ideen trennen, darf kein Unendliches der Kraft nach annehmen, welches das Unendliche der Ausbreitung nach befasse, oder er hört mit der Annahme dieser Sätze auf, ein Spinozist zu seyn. Wie sollte er vollends einen Gott annehmen dürfen,

wel=

welcher successiv die möglichen Reihen zufälliger Dinge durchgeht, und nach angestellter Prüfung, und erfolgter Billigung der vollkommensten den Vorzug giebt, welcher mit einem Denkorgane, das nur der Geschwindigkeit nach das unsre übertrift, sonst ihm völlig gleich ist, allererst seine Ideen bildet, die alsdann — ein jüngst entstandener Theil der Gottheit — in ihm fortdauern. Ich brauchte bey dieser Meynung gar nicht zu verweilen, allein das Argument, mit welchem Mendelsohn den feinern Spinozisten das Wirklichwerden der Ideen Gottes bestreiten läßt, ist zu spitzfindig, um übergangen zu werden. Wenn, sagt er, der Gedanke ein treuer Abdruck des Gedachten ist, so ist er von dem Objekte selbst nicht zu unterscheiden. Mithin ist in Gott, als welcher nur höchst wahre Gedanken hat, der Gedanke und das Urbild desselben völlig eines. Der Begriff von Wahrheit, nach dem sie in der völligen Uebereinstimmung der Idee mit dem Ideat besteht, ist auf den menschlichen Geist schon nicht anwendbar; denn 1) die Objekte der Ideen werden ihm auf keine Weise selbst gegeben, er kann sie also mit den Ideen nicht vergleichen, sondern vergleicht nur immer Ideen

mit

mit Ideen; 2) paßt er gar nicht auf den gröſsern Theil unſerer Erkenntniß, die wir durch die Vernunft erlangen. Noch weit weniger kann man dieſen Begrif auf die Gottheit anwenden, am allerwenigſten auf ihre Erkenntniß der Dinge, ehe ſie entſtunden. Denn die Wahrheit von dieſer kann unmöglich darin beſtehen, daß die Gedanken mit Objecten übereinſtimmen, die noch nicht ſind. Unterdeſſen verdient die Schlußart, deren ſich der feinere Spinoziſt bedienen ſoll, der Seltenheit wegen aufbewahrt zu werden: Nehmlich durch einen Begrif von Wahrheit, der ſich auf die Gewißheit der Exiſtenz von Objekten außer dem Denkenden gründet, erweißt er, daß keine Objecte außer ihm exiſtiren. Allein, ſo ungefähr mußte er auch ſchließen, um leicht widerlegt werden zu können. Mendelsſohn wendet ihm ein, daß die von der Wahrheit vorausgeſetzte Uebereinſtimmung zwiſchen Urbilde und Abbilde ſich nicht ſo weit erſtrecke, daß dadurch die Verſchiedenheit ihrer Verhältniſſe aufgehoben werde, daß das Bewußtſeyn ſeiner ſelbſt, verbunden mit völliger Unkunde alles deſſen, was nicht in ſeinen Denkkreis fällt, das untrügliche Merkmal iſt, das den Menſchen als Gegenſtand

von

von ihm als Vorstellung in Gott, unterscheidet. Auch dawider dürften sich nicht unwichtige Zweifel erregen lassen; denn die Hinzukunft des Bewußtseyns zu einer Vorstellung Gottes kann unmöglich allein die Schöpfung eines Gegenstandes ausmachen; da 1) es viele Wesen ohne Bewußtseyn geben kann; 2) selbst bey denen, die mit Bewußtseyn begabt sind, ein Objekt da seyn muß, auf welches es sich bezieht. Allein, alle diese Untersuchungen gehören nicht in meinen Plan, sobald ich gezeigt habe, daß Mendelssohns verfeinerter Spinozism gar kein Spinozism ist. Und dieses liegt, glaube ich, am Tage.

Mendelssohn ist nicht der Einzige, der Spinozas System zu verfeinern gesucht hat. Einer unsrer treflichsten Philosophen und Dichter Herr Oberkonsistorialrath Herder hat er neuerlich in seinem interessanten Buche: Gott, gethan. Es ist nicht zu leugnen, daß seine Behandlung des Spinozism ungleich besser ist, als die Mendelssohnische, und ich freue mich, in verschiedenen

denen Stücken mit diesem geistvollen Manne übereinzustimmen. So z. B. urtheilt er über Spinozas Definition der Substanz nicht anders, als
ich. „Am Worte Substanz, sagt bey ihm Theophron S. 46., irren Sie sich nicht. Spinoza nahm
es nach seiner reinsten Bedeutung und mußte es
also nehmen, wenn er geometrisch schreiben und einen ersten Begrif zum Grunde legenwollte. Ich
wollte, das diese reine Wortbedeutung in die
Philosophie hätte eingeführt werden können. Im
schärfsten Verstande ist kein Ding der Welt eine
Substanz, weil alles von einander und zulezt
alles von Gott abhängt, der auf diese Weise
die höchste einzige Substanz ist." — Ferner leugnet auch er, daß Denken die höchste Kraft, daß
Spinozismus Atheismus sey u. a. D. m. S. sein
genanntes Buch, S. 137. 148. Um nicht in den
Verdacht zu kommen, als habe ich Herrn Herder abgeschrieben, ohne ihn zu nennen, setze ich
die Stelle aus einer schon angeführten kleinen
Schrift über den Spinozismus her, welche ich
ein halbes Jahr vor Erscheinung der Herderischen
herausgab: Moses Mendelssohn, so drückte
ich mich damals aus, distinguit id, quod per
se subsistit, ab eo, quod separatim existit; illud statuit esse infinitum et necessarium, hoc

autem pendere poſſe ab alia re, et tamen exiſtere, vt rem peculiarem, hoc eſt, poſſe cogitari res, quae non ſint meri alius rei modi, ſed ipſae perdurent, et ab ipſis mutentur, et hoc ſenſu finitas etiam et fortuitas res ſubſtantias vocari poſſe. At totum hoc diſcrimen non niſi fallaci ſpecie nititur. Nemo enim certis argumentis probabit, res quasdam eſſe reuera ſeparatas; immo multo veriſimilius eſt, pleresque res, quae nobis ſeparatae eſſe videntur, aliis apparere intime iunctas. Igitur cum de rebus ſeparatis loquimur, proponimus res, prout apparent ſenſibus et phantaſiae noſtrae. Hinc autem certa dividendi ratio duci non poteſt. Poſſunt autem res ratione exiſtentiae non aliter diſtingui, niſi quatenus vel neceſſario vel non neceſſario exiſtunt. Quod ſi igitur iis ratione contemplandis inuenerimus, eſſe vnam naturam neceſſariam et infinitam, ſed praeter eam alias finitas et fortuitas, iſtam naturam non poſſumus complecti eodem genere, quo hanc complectimur, ſique illam ratione exiſtentiae ſubſtantiam appellamus, excogitandum eſt aliud nomen, quo ſignificentur res fortuitae. Totum igitur Syſtema Spinozae niti-

nititur notione naturae necessariae, hoc est dei. Cum enim iuuenis adhuc imbutus esset praeceptis disciplinae Cartesii; nemo mirari potest, tanta auctoritate valuisse apud eum illud argumentum, quod de eius exsistentia ex notione ducitur. Hinc igitur fluxere propositiones: *quod ad naturam substantiae pertineat exiftere*, (quae est VII. P. I.) *quod idea dei in cogitatione necessario sequatur ex praedicato cogitationis, quod idea ista sit aeterna et necessaria, propterea quod cogitatio ipsa necessaria sit et immutabilis.* (Prop. XXI.) Cum autem persuasus esset de veritate notionis naturae necessariae, hoc est, de exsistentia eius, sponte ei sese obtulerunt grauissimae quaestiones: quae sit eius indoles, quae natura rerum, quas fortuitas appellamus, quaenam ratio intercedat hisce ad illam, an natura necessaria creauerit res fortuitas, an hae res eiusdem sint indolis, atque illa, vnde sumta fuerit harum materia, quomodo nunc etiam seruentur et regantur et aliae. Hisce difficultatibus impeditus homo, qui In figmentis superstitionis (loquor vero ex ipsius mente) acquiescere non consueuerat, sed omnia ratione et cogitatione expedire solebat; facile incidebat in eam cogitationem, omnem hanc rerum vniuerſitatem vnam eſſe neceſſariam infinitamque naturam, omnesque res, quas fortuitas appellamus, non niſi modos eius eſſe, aeque, ac ea ipſa, neceſſarios. Qui igitur hunc philoſophum inter atheos referunt, ii aut ſcripta eius non legere, aut nouas rerum notiones ſequuntur. Qui enim omnia in Deo eſſe contendit, cuiusque vniuerſa Ethice eo ſpectat, vt ſummam felicitatem hominis in amore dei ſitam eſſe probaret, eum alio quocunque nomine rectius appelles, quam Athei nomine. Quod miror feciſſe Iacobium, qui hoc ſyſtema caeteris fere omnibus accuratius explicaſſe videtur. Verum eſt, Spinozam tribuiſſe deo nec intellectum nec voluntatem, et negaſſe, eum in vlla re hominum cauſſa certum conſilium ſecutum eſſe; hoc autem propterea fecit, quod notionem naturae neceſſariae liberandam cenſeret ab omni humanae naturae contagione. Nec multum abeſt, quin conſentientes habeat in hoc eos, qui maxime aduerſarii eius videntur. Cum enim negare non poſſint, nos mente agitare, non niſi ea, de quibus nondum nobis conſtat, et appetere ea modo, quibus

caremus; eo sese expediunt, vt deum praeditum esse dicant longe alia facultate cogitandi, quam nos; qualis autem haec sit, id se ignorare fatentur. Hi igitur vocibus vtuntur, quae sensu carent, Spinoza voces reiecit, quibus nulla subesset notio. Et cum dicit deum nihil agere commotum consilio quodam; vindicare modo voluit excellentiam naturae eius. Indignum enim ea ipsi videbatur, appetere aliquid, quo careat; igitur *ex necessitate diuinae naturae infinita infinitis modis sequi debere statuebat* (Propos. XVI. P. I.) *deique omnipotentiam actu ab aeterno fuisse et in aeternum in eadem actualitate manere* Schol. Prop. XVII. Ceteri vero etsi omnem in diuina natura tollant successionem, fingunt tamen eam, veluti hominem, deliberare et certo consilio intentam esse. Nihil igitur deliquit Spinoza, nisi, quod notionem diuinae naturae purgare conaretur ab omnibus nostrae rationis figmentis, et, quas res ab ea abesse debere contendisset, earum et nomina reiiceret, cum ceteri, rebus sublatis, nomina retinerent.

Allein wenn er glaubt, daß der Hauptfehler von Spinozas Systeme darinn bestehe, daß er dem Kartesianischen Dualismus treu geblieben sey, und demselben durch Einschiebung des Begriffes substantieller Kräfte abhelfen will, so glaube ich, daß er im ersten Falle Spinoza'n Unrecht thut, im zweyten ihm durch eine sehr unsichre Stütze zu Hülfe kommt. "Sehen sie da, sagt sein Theophron, den Kartesianischen Irrthum, von dem sich der Weltweise nicht losmachen konnte, und der die Hälfte seines Systems verdunkelt. Des Cartes erklärte die Materie durch Ausdehnung, und man könnte sie eben so gut durch Zeit erklären; denn jene wie diese sind äußere Bedingungen ihres Daseyns mit andern, und nach einander. Beyde werden also auch zwar der nothwendige Maaßstab für jeden denkenden Geist, der selbst durch Ort und Zeit beschränkt ist; das Wesen der Materie aber werden sie nie. Spinoza sträubte sich lange gegen diese Kortesische Erklärung, wahrscheinlich weil er in ihr etwas Unklares merkte; er war mit seines Lehrers schroffer Abtheilung zwischen Materie und Geist nicht zufrieden; was konnte er indessen thun, da ihm ein verbindender Mittelbegrif fehlte? Er nahm also leider auch noch in seiner Ethik die Materie für Ausdehnung, d. i. für Raum, setzte sie einem ganz ungleichartigen Dinge dem Gedanken gegenüber, und jetzt war er freylich

auf

auf dem Wege einer dunklen Verwirrung. Denn was haben Gedanken und Ausdehnung mit einander zu schaffen? und, wie können diese, gerade nur diese beyden Begriffe die zwo Eigenschaften werden, dadurch sich unter unendlichen andern Eigenschaften, die insgesammt eine höchste Realität ausdrücken sollen, der Unendliche offenbart habe? Was ist in der Ausdehnung für Realität, wenn Sie solche als endlos d. i. so unbestimmt fortgesetzt, wie eine immerhin fortwährende Dauer annehmen wollen? ohne Wesen, ohne wirkende Kräfte ist nichts in ihr; sie ist nur die Bedingung einer Welt, eines Nebeneinanderseyns mehrerer Geschöpfe."

Mich dünkt, man irrt schon sehr, wenn man glaubt, Des Cartes habe durch den Begrif Ausdehnung das ganze innre Wesen der Materie zu erschöpfen geglaubt, und Spinoza selbst thut ihm hierinn Unrecht. Allem Ansehn nach suchte dieser Weltweise blos einen Begrif, der das Gemeinsame aller Arten und Theile derselben, für unsre Vorstellung enthielte: einen Begrif, durch welchen man sie von den geistigen Wirkungen, von dem Denken unterscheiden könnte, und zu diesem Behufe fand er keinen schicklichern, als den der Ausdehnung; auch hat noch kein Weltweiser einen bessern erdacht. Den Begrif Zeit kann man hier

hier schlechterdings nicht annehmen, denn er findet sich blos in der Form des Vorstellens und Denkens.

Allein wenn man vollends dem Spinoza einen so unfruchtbaren Begrif von Materie anschuldigt, so verkennt man seine Grundsätze ganz. Wir wollen ihn selbst hören! Wenn man ihn um die Ursache der Mannigfaltigkeit der Welt nach Form und Bewegung fragte, so antwortete er: (Ep. LXX. Opp. Posth. 596.) Ex extensione, vt eam Cartesius concipit, *molem* scilicet *quiescentem*, corporum existentiam demonstrare non tantum difficile, at ais, sed omnino impossibile est. Materia enim *quiescens*, quantum in se est, in sua quiete perseuerabit, nec ad motum concitabitur, nisi a caussa potentiori externa; et hac de caussa non dubitaui olim affirmare; rerum naturalium principia Cartesiana inutilia esse, ne dicam absurda. Das heißt: Wenn man die Materie nach der Erklärung des Des Cartes für eine an sich todte ruhende Masse hält, so kann man sich es nicht denken, wie diese unendliche Menge von verschiedenen Körpern, die wir um uns her sehen, und diese unermeßliche Mannigfaltigkeit von Zuständen in denselben

selben möglich ist. Denn eine Materie, die von aller Kraft, allem Streben und Wirken leer ist, wird immer und ewig in dieser todten Ruhe, in diesem Zustande der Unthätigkeit verharren, wenn ihr nicht eine Ursache, die außer ihr und mächtiger ist als sie, (allein nach Spinoza kann außer dem nothwendigen Wesen gar nichts seyn;) einen Stoß giebt, sie wird keiner Veränderung keiner Bewegung fähig seyn; deshalb habe ich behauptet, daß die Grundsätze des Des Cartes von der Körperwelt unnütz sind, wenn nicht gar widersinnig. — An einer andern Stelle sagt er: Materia a Cartesio male definitur per extensionem, sed necessario debet explicari per attributum, quod aeternam et infinitam essentiam exprimat. (Ep. LXXIII.) Die Materie ist also nach unserm Weltweisen keinesweges ein unthätiger Klumpen, nicht ein leeres todtes Vehikel, wozu noch Kraft hinzukommen muß, damit es wirke; sie ist unaufhörlich wirksam im Schaffen, Verwandeln und Erhalten. Er nennt sie Ausdehnung, nicht als ob er geglaubt hätte, in diesem Begriffe liege ihr ganzes Wesen; sondern weil dieses der einzige Charakter ist, durch den man sie von dem Denken hinlänglich unterscheiden kann.

Eben

Eben so sehr verkennt man Spinozas System wenn man behauptet, er habe Materie und Geist schroff abgetheilt, habe dem Gedanken ein ganz ungleichartiges Ding entgegengestellt, die Ausdehnung, und ermangele also des vermittelnden Begrifs für diese beyden einander zurückstoßenden Gattungen. Spinoza war schlechterdings nicht Dualist; Materie und Gedanken waren bey ihm ein und dasselbe Wesen; so wie das unendliche Wesen sich in der Ausdehnung auf unendliche Weise entwickelt und ausdrückt, so verbreitet sich auch sein Selbstgefühl zugleich und in demselben Maaße. Darum ist bey Spinoza, wie wir gesehen haben, an vorherbestimmte Harmonie gar nicht zu denken. Die materielle Substanz ist zugleich die denkende, ein und dasselbe Individuum¹).

Ein

---

¹) So dachte ich mir Spinozas Meynung schon bey meiner Abhandlung über Mendelssohns Darstellung des Spinozismus; allein ich hatte mich an verschiedenen Stellen zweydeutig ausgedrückt. Herr Geheime=Rath Jakobi hat mich hierauf aufmerksam gemacht, und ich führe mit Dank die treffende Bemerkung an, die er mir deßhalb mittheilte. „An Dualism, sagt er, „ist bey Spinoza kein Gedanke. — — Angenommen, „daß die Schwere eine wesentliche Eigenschaft der „Körper sey, dürfte man darum die Vereinigung der „Schwere mit der Ausdehnung Dualism nennen? —

„Mir

Ein nothwendiges Wesen ist; außer ihm ist nichts, kann nichts seyn, also sind Materie und Gedanke Eigenschaften, Theile der Substanz. Das war Spinozas Ideengang, und nach Festsetzung dieses Satzes braucht er nun gar keinen Mittelbegrif, gar kein Prinzip weiter um die Wirkungen der Körper und Geister zu erklären. Es ist ein Wesen, die Gottheit; was da ist, gehört zu ihr, ist in ihr, sie selbst ist unaufhörlich wirksam, nichts ruht in ihr, also ist auch die Materie ewig und thätig. Wozu soll also Theophrons Bemerkung: „Spinozas Zeiten waren die Kindheit der Naturkunde, ohne welche die Metaphysik Luftschlösser baut, oder im Dunkeln tappet. Jemehr man die Materie der Körper physisch untersuchte, destomehr entdeckte man auch in ihr wirkende oder gegenwirkende Kräfte, und verließ die leere Definition der Ausdehnung S. 59. 60." Spinozas

Materie

„Mir däucht, der Begrif von Dualism tritt nie ein,
„wo verschiedene Eigenschaften sich in einem Wesen
„ganz durchdringen. Und so verhält es sich nach Spi-
„noza mit der Ausdehnung und dem Denken. Gott
„entwickelt den Begrif seiner selbst auf unendliche
„Weise, indem er seine Materie auf unendliche
„Weise entwickelt. Oder: die Materie entwickelt
„ihr Leben in einer jeden Gestalt in demselben
„Maaß, wie sie ihre Kräfte darinn entwickelt."

Materie ist ja ganz Wirksamkeit und Leben, da ist kein Augenblick der Ruhe und der Unthätigkeit. Daß er sie Ausdehnung nennt, schadet gar nichts; er brauchte einen karakteristischen Begrif. — Wozu ferner die Bemerkungen des Philolaus, S. 64. "Je mehr wir die Materie kennen lernen, desto mehrere Kräfte entdecken wir in ihr, so daß der leere Begrif einer todten Ausdehnung bey ihr völlig verschwindet. In wenigen Zeiten, was hat man in der Luft für zahlreiche verschiedene Kräfte entdeckt? Was hat die neuere Chymie in allen Körpern bereits für mancherley Energien der Anziehung, Bindung, Auflösung, Zurückstoßung gefunden? Ehe die magnetische, ehe die elektrische Kraft entdeckt war; wer hätte sie in den Körpern vermuthet? und wie zahllose andre mögen in ihnen noch unentdeckt schlafen! Es ist Schade, daß ein denkender Geist, wie Spinoza war, so früh von unserm Schauplatze hinweg mußte, er konnte den ungeheuren Fortgang der Wissenschaft, die auch sein System verschönt hätte, nicht erleben." — Und was hätten alle jene Entdeckungen in seinem System verrückt? Gar nichts. Er leugnete ja gar nicht, daß die Materie unendlich reich an Wirksamkeit sey; das war vielmehr eben der unterscheidende Karakter seiner Philosophie über die Körperwelt,

welt, daß er in ihr nichts todtes, nichts ruhendes annahm. Was für eine Hülfe kann also Philolaus dem Systeme Spinozas durch Einschiebung des Begriffes der substantiellen Kräfte geben? Es braucht gar keine; es hat ja die allerstrengste Einheit, weil es alle Vielheit ausschließt. —— Was kann ferner Spinoza mit dem Worte Kraft machen? es heißt ja doch weiter nichts, als die Ursache einer gewissen Erscheinung oder einer Menge von Erscheinungen, und Spinoza hat nie geleugnet, daß jedes Ding seinen zureichenden Grund habe. Von solchen Kräften ist auch seine Welt voll; wenn er auch diesen Ausdruck nicht gebraucht. —— Was ist endlich von dem Begriffe substantiell zu erwarten, bevor man Spinoza'n die Möglichkeit des Fürsichbestehens beweißt? ——

Philolaus tadelt den Weltweisen noch wegen des Begriffes Macht, *potentia*, welchen er auf die Gottheit anwandte. „Gedanke und Ausdehnung, sagt er, stehen ihm, als zwey unberührbare Dinge entgegen; der Gedanke kann nicht durch die Ausdehnung, nicht durch den Gedanken begränzt werden. Da er nun beyde, als Eigenschaften Gottes, eines untheilbaren Wesens annahm, und keine durch die andre zu erklären wagte; so mußte er ein Drittes annehmen, unter

wel-

welches sich beyde fügten; und das nannte er Macht." Philolaus erlaube mir hierauf nur mit dem 3ten Satze des 2ten Buchs der Ethik zu antworten: Dei potentia nihil est, nisi actuosa eius essentia.

Ende des ersten Bandes.

Verbesserungen.

S. 158. Z. 18. 19. in dieser Thätigkeit l. jede dieser Thätigkeiten.

S. 165. Z. 3. für sich bestehende und wirkende l. einer f. s. bestehenden und wirkenden ꝛc.

ebendas. Z. 29. Setze nach nothwendig, ein; und auf der folgenden S. in der 4. Z. nach entwickelt ein, statt des;

S. 172. Z. 22. nur l. nie

S. 173. Z. 19. Welt l. Voraussetzung.

S. 176. Streiche die 1) bey Vnum weg; (dieser Satz gehört zur vorigen Note.) und beziehe die N. *) S. 177. auf N. 1) S. 176.

www.ingramcontent.com/pod-product-compliance
Lightning Source LLC
Chambersburg PA
CBHW021956220426
43663CB00007B/837